JN205323

社会的コミュニケーション発達が
気になる子の育て方がわかる

ふれあいペアレント
プログラム

尾崎康子[著]

ミネルヴァ書房

刊行にあたって

　子育てをしていると，どうしたらよいかと戸惑うことがたくさんあります。子育てには，何にも代えがたい喜びがありますが，それをいつも感じ取れるわけではありません。子育ての過程には，様々な不安や困難が存在することも事実です。

　あなたが子育てに戸惑っていたら，少しアクションを起こしてみましょう。その戸惑いに対する処方箋は一つとは限りませんが，その重要な一つに，「子どもを理解する」ことがあります。発達がゆっくり進む子どもや発達が気になる子どもの場合，親は，何を基準に子どもの発達を捉えればいいかが分からず，不安を感じていると思います。しかし，子どもの発達を理解し，子どもの発達状態に合わせた子育てをすることによって，それらがいくぶんか軽くなることでしょう。

　このペアレントプログラムは，発達が気になる子どもの社会的コミュニケーション発達を促す子育て方法を学ぶものです。子どもの発達を学び，子どもの発達に合わせた関わり方を習得します。このプログラムを学ぶことで，まず第一歩となるアクションを起こしていきませんか？

尾崎康子

はじめに　本書の使い方

- ➤ 本書は，第Ⅰ部と第Ⅱ部に分かれています。
- ➤ 第Ⅰ部の「社会的コミュニケーション発達が気になる子どもの理解と支援」では，社会的コミュニケーション発達が気になる子どもとはどのような特徴をもっているかを理解するための基本的な説明が書かれてあります。
- ➤ 第Ⅱ部の「社会的コミュニケーション発達を促すふれあいペアレントプログラム」では，社会的コミュニケーション発達が気になる子どもの子育てを学ぶ「ふれあいペアレントプログラム」が書かれてあります。「ふれあいペアレントプログラム」を受講する場合は，これをテキストに使います。

  なお，「ふれあいペアレントプログラム」を受講しない場合でも，第Ⅱ部を読むことによって子育て方法がわかるようになっています。

- ➤ 第Ⅱ部を「ふれあいペアレントプログラム」のテキストとして使う場合も，是非，第Ⅰ部を読んでみてください。ペアレントプログラムの内容を深く理解することができます。
- ➤ さらに詳しく知りたい方は，以下の著者の書籍や論文をご覧ください。

尾崎康子・三宅篤子編（2016a）．知っておきたい発達障害のアセスメント　ミネルヴァ書房

尾崎康子・三宅篤子編（2016b）．知っておきたい発達障害の療育　ミネルヴァ書房

近藤清美・尾崎康子編（2017）．社会・情動発達とその支援　ミネルヴァ書房

尾崎康子（2017）．社会的コミュニケーション発達を促すペアレントプログラムの開発と検証　臨床発達心理実践研究

尾崎康子・小林真・阿部美穂子・水内豊和編（2018）．よくわかる障害児保育―第2版　ミネルヴァ書房

尾崎康子・森口佑介編（2018）．発達科学シリーズ第9巻　社会的認知の発達科学　新曜社

尾崎康子（2018）．子育て支援　藤野博・東條義邦編　発達科学シリーズ第10巻　自閉スペクトラムの発達科学　新曜社

目　次

プロローグ
子どもを理解して育て方を工夫しよう

➤ ここでは，あなたが子どもの特性を理解し，子どもの特性に合わせた育て方ができるように応援していきます。

➤ もし，あなたが，今までもっと良い育て方をすればよかったと自分を責めることがあれば，それは我々の望むことではありません。

➤ これまで，その時々で，あなたは精一杯やってきたことでしょう。これをしてきたあなたは十分に認められる存在です。

➤ 大切なのは，これからどのようにするかです。

➤ これから，少しでもあなたにとって役立つ子育てのコツと工夫をつかんでください。

第 I 部
社会的コミュニケーション発達が気になる子どもの理解と支援

第1章　子どものことをもっと知ろう

1．子どものことを知る

　子どもは一人一人，特性や特徴が違っています。親は，自分が子どものことを一番よく知っていると思っているかもしれませんが，親でも，子どもについて見過ごしていることがあると思います。あるいは自分の子どもは「このような子どもである」と，自分が作り上げたイメージにとらわれていることはないですか。

　まず，子どものことをよく知りましょう。子どもが「好きなこと」と「嫌いなこと」は何ですか。子どもが「できること」と「できないこと」は何ですか。子どもの理解とは，まず自分の子どもをよく知ることから始まります。

2．子どもの強みと弱みを知る

　親はとかく，子どもが「嫌いなこと」や「できないこと」に目が向きがちです。そこで，まず子どもが「好きなこと」や「できること」を考えてみましょう。多くは「好きなこと」と「できること」は共通しているかもしれません。「好きこそ物の上手なれ」です。

　「好きなこと」や「できること」は，子どもにとっての「強み」です。子どもの「強み」を伸ばしていきましょう。子どもが好きなことは，ちょっとした親の働きかけや援助を与えることによって，さらに発達が促されます。また，子どもにとっても，自分ができたという感覚あるいは達成感を得ることは，とても嬉しいことです。

　「嫌いなこと」や「できないこと」は，子どもの「弱み」です。子どもの「弱み」には，親の手厚い支えが必要です。子どもがぐずったり，大泣きしたり，嫌がったりすると，親も本当に困ってしまうと思いますが，一番困っているのは子ども自身です。子どもは一人でできないので大変困っているのです。親は，どうすれば少しでもできるかを考えながら，子どもの「弱み」を援助していきましょう。

　親は，子どもの「強み」を子どもの良さとして認め，子どもに自信をつけさせます。そして，子どもの「弱み」には，困っている子どもの気持ちに寄り添い，援助していくことが大切です。

3．子どもの行動の理由を知る

　子どもの行動をみていて「どうしてこんな行動をするのだろうか？」と不思議に思うことはないですか。社会的コミュニケーションが苦手な子どもは，親からみても理解できない行動をたくさんとると思います。

　社会的コミュニケーションが苦手ということは，「人との関わり」が苦手であることを示しています（詳しくは第5章で述べます）。親は，読み書き算数を教えてもらったことはあっても，人との関わり方をあらためて教えてもらったことはありません。「人との関わり」は誰でも当然できると思っていることが多いです。そのため，「人との関わり」が上手くできないことがどういうことかを理解することが難しいのです。たとえば，呼びかけても応えない，一緒に遊ぶのを嫌がるのは，人との関わり方が分からないので，自分の内的欲求だけに従って行動しているためです。

　また，感覚の特異性をもっている子どもがいます（詳しくは第5章で述べます）。この感覚の特異性も，親はこれまで経験したことがない状態であり，子どもがどのように感じているかを理解することはとても難しいです。たとえば，子どもが運動会で耳をおさえて座り込んでいる場合，聴覚過敏で大きな音量のスピーカーに耐え切れないためであり，また，子どもが常に走り回っている場合，運動感覚の鈍感さから動き回って感覚刺激を求めているためであることが考えられます。

　こうように不思議だと思う子どもの行動でも，必ずその理由があるはずです。しかし，子どもは自分でその理由を意識化できないので，子どもに聞いても話してくれません。そこで，親は「ああでもない，こうでもない」「ああだろうか，こうだろうか」といろいろ考えてみます。そして，考えた対応を試してみます。そして，それが違っていたら，また「ああだろうか，こうだろうか」と考えてみます。このような試行錯誤の過程で子どもへの理解が深まっていくことでしょう。

第2章 社会的コミュニケーションの発達

1．社会的コミュニケーション発達の道筋

- ➤ ふれあいペアレントプログラムは，親が子どもの社会的コミュニケーション発達を促す方法を学ぶものです。

- ➤ そのためには，社会的コミュニケーションはどのように発達していくかを知っておくとよいでしょう。

- ➤ 社会的コミュニケーションは，子どもが生まれた時から周りの人との間で始まります。そして，発達早期の社会的コミュニケーション能力は，子どもが成長とともに獲得していく言語発達，認知発達，社会性発達などの土台となっていきます。

- ➤ そのため言葉が遅れている場合，言葉ばかりを教えても効果はあがりません。子どもが言葉を獲得するためには，社会的コミュニケーションを十分に積み重ねていくことが必要です。

- ➤ 人と関わり合い，やりとりをたくさん経験することによって，社会的コミュニケーション発達が促されます。

- ➤ それでは，以下に，子どもの誕生時から就学前までの社会的コミュニケーション発達を6つのステージに分けてみていきます。

第１ステージ：周りの人に向けて泣き，微笑む

1）子どもから情緒信号を発信する

➤ 第１ステージの子どもは「この人が自分の親だ」とわかっているわけではありません。また，親を呼ぶために泣いているのではなく，親に向かって微笑んでいるのでもありません。

➤ 子どもは，お腹が空いたので泣いただけです。しかし，お母さんは，その泣き声を聞いて，飛んできてくれます。子どもは，自ら動かなくても，泣くだけでお母さんを自分の側に呼び寄せ，世話をしてもらうことができるのです。

2）親が子どもに心があるように関わる

➤ 一方，親は，「本当は，子どもは自分が親だとわかっていない」ことが分かりつつ，いかにも子どもが親をわかっているかのように思い込み，「お母さん，きたよ」「どうしたの」と声をかけます。そして，「ああそうなの，お腹空いたのね。」と子どもに心があるかのように話しかけます。また，子どもが微笑むときも，「どうしたの？　楽しいね？」と，やはり子どもに心があるかのように語りかけています。

➤ これこそが，子どもが親と関わることの始まりです。子どもが泣きや微笑みといった情緒信号を親に向けることがきっかけとなって，親が子どもに心があるかのように語りかけることが日々繰り返されます。そして，それによって，子どもの人との関わりが発達していきます。

> **第2ステージ：自分に関心を向ける人と関わる**

1）親子でまるで会話をしているよう

➤　第2ステージの子どもも「この人がお母さんだ」とわかっているわけではありません。でも「この人が私に関わってくれる」ことはわかるようになります。

➤　たとえば，お母さんが話しかけると，子どもはお母さんをじっと見ています（上左図）。そして，お母さんが笑うと，子どもは笑います（上右図）。お母さんが「楽しいね」と言うと「クークー」と声をだします（下左図）。「あ，そうなの」というと，手をばたばた振ります（下右図）。

➤　このように，親が子どもに働きかけると，子どもは発声，微笑，手足の動きをします。それに対して，親が共感的に応じると，子どもは発声，微笑，手足の動きで返します。まるで親子で会話しているようです。

➤　このとき，子どもがニコニコ笑うと，親はその情動を映し出し，ニコニコと笑い返します。この時，赤ちゃんは，自分の感情が受け止められたことを漠然と感じているようです。

2）日常生活で繰り返される親子交流

➤ このような親子の交流は，日常生活のいろいろな場面で行われています。たとえば，お母さんが子どものオムツを取り換えている場面では，お母さんが「気持ち悪いね」「オムツかえようね。」と子どもに語りかけると，子どもは，その度に，手足をばたばたさせたり，「クークー」と声をだします。そして，お母さんがあやすと，子どもはニコッと笑い返します。

➤ また，子どもはポジティブな感情を示すだけでなく，泣く，ぐずるなどのネガティブな感情を表します。たとえば，子どもが泣いたときに，お母さんが抱き上げて背中を軽くたたきながら揺らしてあげると，子どもは泣きやみます。このとき，お母さんは，子どもが自分と同じように安心して落ち着いたと感じます。

3）快や不快の情動共有

➤ 子どもは，親の感情が自分の感情とどのように違うかはわかってはいません。漠然と感情を受け止められた感じをもつだけですが，親は，第1ステージの時よりも子どもと感情が通じ合うように感じられます。

第 3 ステージ：双方向コミュニケーションの始まり

1）双方向コミュニケーションの始まり

➤ 子どもは親と向き合って座り，親子で交流することが増えます。そして，子どもは，感情や要求を表情，発声，身ぶりで伝え始めるので，親は子どもの思いが，以前より分かりやすくなります。そのため，親は子どもが発した思いに対して，以前より適切に反応することができます。

➤ このような形式のやりとりができるようになり，双方向コミュニケーションが始まります。

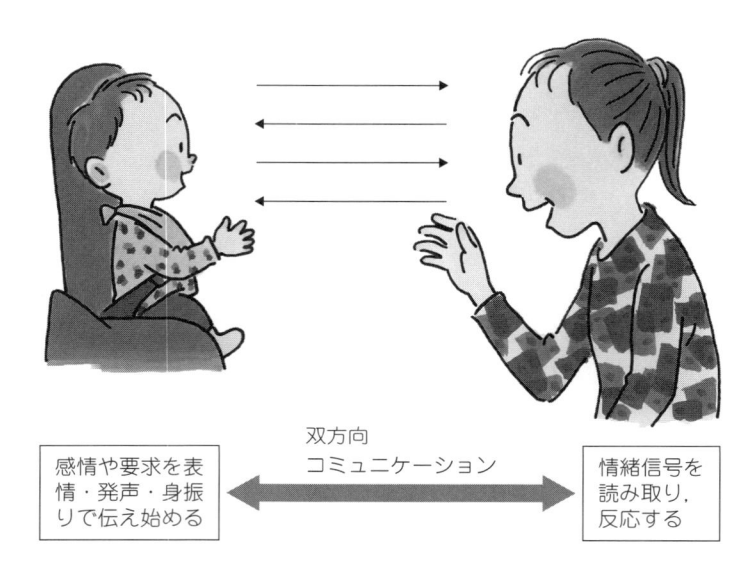

| 感情や要求を表情・発声・身振りで伝え始める | 双方向コミュニケーション | 情緒信号を読み取り，反応する |

2）日常生活で繰り返されるやりとり

➤ 日常生活のいろいろな場面において，親子のやりとりが行われています。

➤ たとえば，お母さんは，『イナイイナイバー』をして，子どもと遊んでいます。お母さんが「イナイイナイ」と言いながら手で顔を隠すと，子どもは「アーアー」と言って顔を見せることを要求しています。お母さんが手を開いて顔を出すと，子どもがニコッとします。子どもが喜ぶので，これを繰り返しました。これだけでも，親子のやりとりは，5 回位続きました。

> たとえば，お母さんが子どもにご飯を食べ
> させています。お母さんが，ご飯をスプー
> ンですくうと，子どもが手をバタバタさせ
> てご飯を要求しています。そこで，お母さ
> んが「アーン」と言いながら口をあけると，
> 子どもも口をあけました。そこで，スプー
> ンを子どもの口に持っていきました。子ど
> もは，それを食べました。これだけでも何
> 回もやりとりが行われています。

3）親との情緒的交流

> この頃，他の人ではなく「お母さんやお父さんが好
> き」と思わせる行動が増えてきます。この典型的な
> 行動が「人見知り」です。他の人に抱っこされると
> 大泣きしていた子どもが，お母さんやお父さんに抱
> かれると，それまで泣いていたのがピタッと止まり
> ます。

> 第1ステージからこれまでの子どもの微笑みの発達変化と親の感じ方の変化を表にま
> とめると，以下のようになります。

	第1ステージ	第2ステージ前半	第2ステージ後半	第3ステージ
子どもの特徴	口が微笑むだけ	まだ目が笑わない	誰にでもよく微笑む	親に積極的に微笑む
親の思い	親の思い込み	感情がつながった気分	感情が通じる気分	情動共有

4 ）子どもの感情の映し出し

➤ この時期に親が子どもに対して行っている情動共有の重要な関わり方があります。

➤ それは，親が子どもの感情に共感し，その感情を映し出す行動をとることです。たとえば，子どもが声をあげて喜んでいるときに，お父さんはその喜びに共感し，手をたたいて子どもの感情を映し出していきます。すると，子どもはそれが自分の感情体験と関係していることに気づいていきます。また，自分の感情をお父さんに共感してもらったことで，いっそう喜びが大きくなります。

➤ このような行動は，親がこの時期の子どもの感情に向き合う中で自然に行っているものですが，もし行っていなかったら意識的にやってみましょう。親が子どもの感情に共感し，映し出すことによって，子どもは親との感情共有がしやすくなります。

第4ステージ：相手と意図や気持ちを共有して，やりとりする

1）三項関係における共同注意の成立

➢ 次に，子どもは相手と物を介して関わることができるようになります。これを三項関係と呼びます。三項関係において，相手と同じ物を見て注意や情動を共有する共同注意が成り立ちます。

➢ たとえば，子どもがクマのぬいぐるみをお母さんに見せると，お母さんはクマを見て「クマちゃん，かわいいね」と言いました。この時，子どもとお母さんは，同じ物への注意を共有し，そして「かわいい」という感情を共有しました。

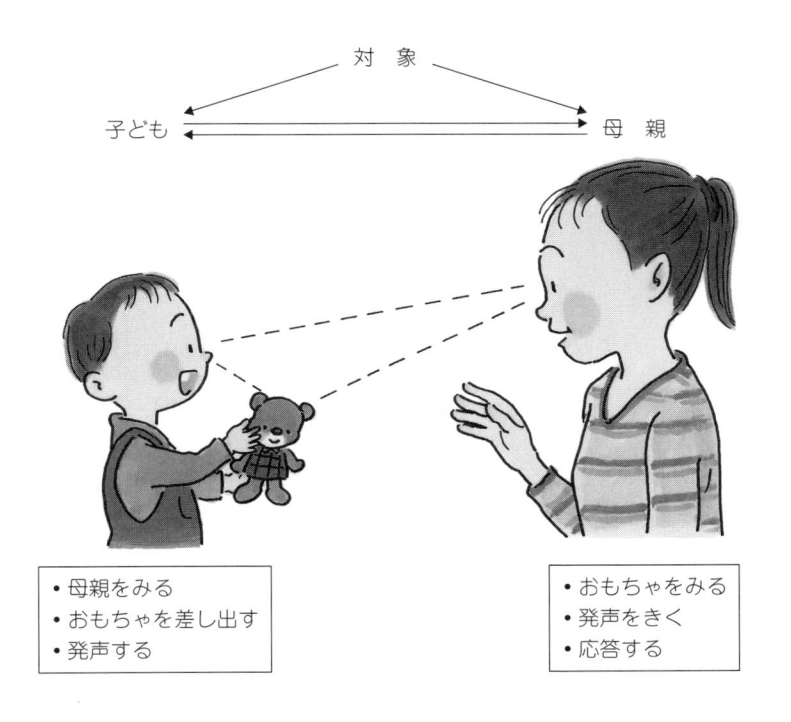

対　象

子ども　　　　　　　　　　　　　　　母　親

・母親をみる
・おもちゃを差し出す
・発声する

・おもちゃをみる
・発声をきく
・応答する

2）共同注意における意図，注意，感情，情報の共有

➤ お母さんがミニカーを指さすと，子どももミニカーを見ました。親子でミニカーに注意を向けた時に，お母さんが「くるま」と言いました。子どもは，これが「くるま」という名前であることがわかりました。

➤ この例からわかるように，共同注意の際には情報共有も可能であり，これによって子どもは言葉を理解していくことがわかります。

➤ 共同注意ができることは，重要な発達課題です。共同注意ができることによって，情動共有もしやすくなります。また，共同注意ができることは，これ以後の言語発達を大きく前進させることになります。

　＊この時期にできるようになる，共同注意，提示行動と手渡し行動，指さし，社会的参照については，この後の項で詳しく述べます。

第 5 ステージ：言語的コミュニケーションの始まり

1）言語的コミュニケーションの始まり

➤ 言葉は，シンボルの一つです。この時期に言葉が初めて出てきます。これまでは非言語的コミュニケーションでしたが，ここからは言語的コミュニケーションが中心になっていきます。

➤ 言葉が話せるようになると，それまでよりも相手との経験共有が一段と効率化します。たとえば，言葉が出る前は，お母さんが子どもの意図や情動を推し量ってやりとりをしていましたが，言葉が出てくると，子どもが「かわいい」と一言いっただけでお母さんはすぐさま的確に子どもの情動を知ることができます。いかに言葉が優れたコミュニケーション手段であるかがわかります。

クマ，
かわいい！

- 母親をみる
- 言葉で感情体験を話す

かわいいね！

- 子どもをみる
- すぐに感情がわかる
- 言葉で応答する

2）過去・未来を話す

➤ 言葉が話せるようになると，過去や未来のことも話せるようになります。

➤ 非言語的コミュニケーションでは，親にクマを提示して見せるだけでした。親は，『クマさん，かわいい』と言っているはずだと子どもの気持ちを汲み取っていました。しかし，実際にどのように思っているかはわかりません。そして，そのコミュニケーションも「今，ここ」のことだけに限られていました。

➤ しかし，言語的コミュニケーションでは，言葉を用いて，「今，ここ」のことだけでなく，過去や未来，そして他の場所のことも話すことができます。

➤ たとえば，昨日の日曜日に，子どもはお父さんと滑り台で遊びました。次の日に，子どもが「パパ，楽しい」と言ったので，お母さんは昨日のお父さんとの遊びが楽しかったことが分かりました。

3）遊びにおける表象・シンボルの使用

➢ ふり遊び，見立て遊び，ごっこ遊びは
シンボル形成によってできるようにな
る遊びです。

➢ 子どもが積み木を自動車に見立てて遊
んでいる見立て遊びでは，積み木がシ
ンボルです。この時期に形成された表
象やシンボルを，子どもは遊びの中で
使っています。

4）他者の情動理解

➢ 親子の情動共有ができると，次に他の人の情動に共感するようになります。たとえば，
他の人が，指を傷つけたり，転んでけがをした時，子どもはその人の顔を心配そうに
見ます。

➢ また，この時期には，向社会的行動がとれるようになります。向社会的行動とは，思
いやり行動とも呼ばれ，他人を助けることや他人に対して積極的な態度を示す行動の
ことをいいます。たとえば，他の人がけがをしている時に，なぐさめたり，いたわる
ような行動をとります。

第6ステージ：人の心を理解する

1）「心の理論」の獲得

➢ 人との関わり合いにおいて，その人と感情や気持ちを共有するようになると，やがて人の心の理解が進みます。

➢ 「心の理論」が分かるようになることが，幼児期における目標になります。

➢ 人の言動を見て，そこにこういう心の状態があるのではないか，ということを推測することを「心の理論」と言います。

➢ 「心の理論」をもつことによって，その人の心の状態を推測し，次の行動を予測しやすくなります。この人はこのように思っているから，このように行動した方がよい，あるいはこのように会話を返せばよいということが判断できます。それによって，相互の円滑な社会的コミュニケーションが行われます。

➢ 下の図は，バロン＝コーエンが作った「サリーとアンの課題」です。これに正解することで「心の理論」をもっていることがわかります。

1　サリーがお人形であそんだ後，それをかごの中へしまって部屋を出ました。

2　サリーがいない間に，アンがやってきて，かごからお人形を出して遊びました。

3　アンはお人形であそんだ後，それをはこの中にしまって出ていきました。

4　サリーが，もう一度お人形であそぼうと思ってやってきました。「サリーは，お人形がどこにあると思っていますか」

2）様々なシンボルの獲得

➤　前のステージで，シンボルである言葉の獲得を見てきましたが，シンボルは言葉だけではありません。描画や書字もシンボルです。このステージでは，複雑で難しい言葉を獲得するとともに，描画や書字といったシンボルも獲得していきます。

➤　様々なシンボルを使って，豊かなイメージや想像の世界を楽しむようになります。

3）巧みな言語的コミュニケーション

➤　複雑で難しい言葉を獲得することによって，言語的コミュニケーションがますます巧みになっていきます。

➤　言葉の発達については，第4章に詳しく述べます。

4）複雑な感情の表現

➤　照れ，恥，罪悪感などの複雑な感情を表現するようになります。

➤　たとえば，ほめられると照れる，失敗した時はずかしそうにする，悪いことをした時バツの悪そうな顔をするなどです。

2．共同注意

　前項の「社会的コミュニケーションの発達の道筋」において，共同注意について基本的なことは述べましたが，ここでは，さらに詳しく共同注意の成り立ちをみていきます。

1）新生児が人の顔や目を見る

➢　新生児は，人の顔や目を見るという生得的な傾性をもっています。そのため，新生児に向き合うと目が合うことがあります。これは，新生児が目の前にいる人を認識して意図的に目を合わしているわけではありません。

➢　新生児と最もよく目が合う距離は，25〜30cm です。親に抱えられて母乳やミルクを飲ませてもらっているときに，子どもは，ちょうど親と目が合うことになります。

2）アイコンタクトが成立する

➢　もう少し大きくなると，子どもに向かい合った状態で，アイコンタクトが成立します。

3）相手と同じ所を見る

① 視野内での視線追従

➢ アイコンタクトが成立すると，相手と同じ所を見ることが容易にできるようになります。

➢ まず，親子でアイコンタクトをとります。その後，お母さんがミニカーを見ます。すると，子どもは，それにつられてミニカーに視線を向けます。これにより，親子で同じ物を見ることができます。

➢ 子どもがこれをできない場合，次の方法から始めます。まず，親子でアイコンタクトをとった後に，子どもがミニカーを見たら，お母さんもミニカーに視線を向けます。これにより，子どもに合わせたやり方で，親子が同じ物に視線を向けることができます。

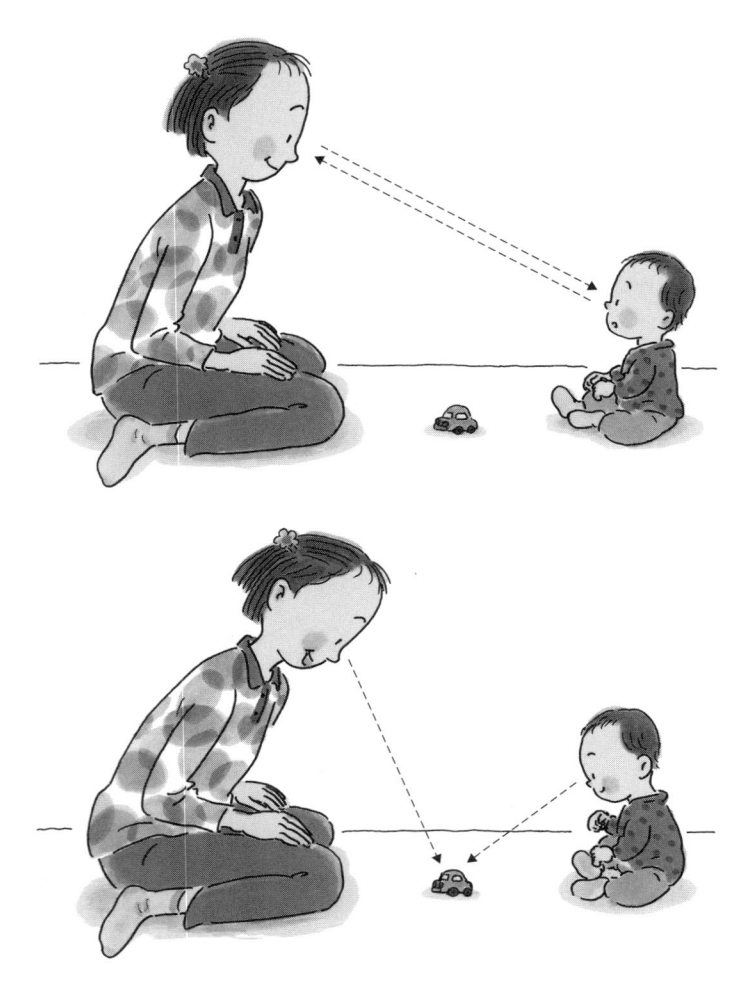

② 視野外への視線追従

➢ たとえば，お母さんが，離れた所にあるミニカーを見ていると，お母さんの視線をた
どって，子どももミニカーに視線を向けたので，親子で同じものを見ることができま
した。これは，相手の視線を正確に感知して，それに合わせることが必要なので，前
述の視野内の視線追従より難しい課題です。

4）子どもが応答することによって共同注意が成立する

➢ 親が子どもに注意を向けさせ，子どもがそれに応答して成立する共同注意について，
以下に述べます。

① 視野内での指さし理解

➢ 親子で同じ物をただ見ているだけでなく，同じ物に注意を向け，意図や感情や情報を
共有していることを，共同注意と言います。

➢ たとえば，お母さんが指さしたミニカーに子どもが視線を向けました。同じ物を見て
いる時に，お母さんが「くるま」「かっこいいね」と言うと，子どもはその情報と感
情を共有しました。

くるま，
かっこいいね

② 視野外への指さし理解

➤ 親子で近くにある同じ物を見ることができたら，次に，離れた所にある物に視線を合わせることができるようになります。

➤ たとえば，お母さんが，子どもの後ろの方にあるミニカーを指さすと，子どもがそれに視線を向けたので，親子で注意を共有できました。

5） 子どもから共同注意を働きかける

➤ 前述した共同注意は，親が先に視線を向けてから子どもに注意を向けることを促すやり方でしたが，ここでは，子どもから親に注意を向けさせるやり方について述べていきます。

① 自発的提示・手渡し

➤ たとえば，子どもが，お母さんに向かってクマのぬいぐるみを掲げて（自発的提示行動），お母さんの注意を向けさせています。そして，子どもがお母さんにぬいぐるみを渡しました（自発的手渡し行動）。

② 要求の指さしと叙述の指さし

➢ 要求の指さしは，子どもが欲しいものを要求する時に指さすものです。

➢ 叙述の指さしは，子どもが興味をもったものを親に伝える時に指さすものです。

➢ 叙述の指さしについては，たとえば，お父さんと一緒に散歩していた子どもが，遠くにいる猫を見つけました。子どもは，お父さんに注意を向けてもらうために，猫を指さしました。そして，子どもは，お父さんと猫への注意を共有して「ねこ，いた」と言いました。遠くのものに対して共同注意することは近くのものよりも難しい課題です。

　＊提示行動，手渡し行動，指さしについては，この後の項で詳しく説明します。

➢ これまで述べてきた共同注意に関連する項目を，概ね発達順に，表I-1に示します。

表I-1　共同注意の関連項目

アイコンタクト		声をかけた時や遊んでいる時に目が合う。
共同注意への応答	視線追従	親がある方向を見ると，子どももその方向を見る。
	視野内での指さし理解	親が目の前にあるものを指さすと，その方向を見る。
	視野外への指さし理解	親が子どもの後ろにあるものを指さすと，子どもは振り返ってそれを見る。
	応答的提示・手渡し	子どもが持っているものを，「ちょうだい」などと言うと，手渡したり，提示する。
共同注意の自発	自発的提示・手渡し	子どもが自分から，持っているものを手渡したり，提示する。
	要求の指さし	子どもが何か欲しいものがある時，自分からそれを指さして要求する。
	叙述の指さし	子どもが何かに興味をもった時，それを指さして，親に伝えようとする。

3．提示行動と手渡し行動

➢　手渡し行動とは，自分が関心をもっている物を相手に渡し，相手に注意を向けさせる行動です。

➢　提示行動とは，自分が関心をもっている物を相手に提示し，相手に注意を向けさせる行動です。

➢　手渡し行動よりも提示行動の方が難しい課題です。また，どちらも応答的行動と自発的行動があり，応答的行動は親の働きかけに子どもが応じる行動であり，自発的行動は，子どもから親に働きかける行動です。応答的行動より自発的行動の方が難しい課題です。

① 応答的手渡し行動
　お父さんに「ちょうだい」と言われて，子どもが手渡しています。

② 自発的手渡し行動
　子どもが自分からお母さんに手渡しています。

③ 応答的提示行動
　お母さんに「見せて」と言われて，子どもが提示しています。

④ 自発的提示行動
　子どもが自分からお母さんに提示しています。

4．指さし

➢　共同注意について前述しましたが，ここでは，あらためて子どもが獲得する指さしの種類を発達順に整理します。

➢　指さしができるようになることは，コミュニケーションをするための画期的な手段を子どもが手にいれたことを表しています。子どもが「アーアー」と発声しているだけでは，何を言いたいのか，何を指しているのかを推測するしかありません。また，子どもが手を伸ばしていても，そこにたくさんの物が置かれていたら，どれが欲しいのかは分かりません。しかし，指さしをすると，欲しい物や伝えたいことを親にピンポイントで知らせることができるのです。親もまた，子どもが指さしすることによって，子どもの考えや気持ちがそれ以前よりも明確に分かるようになります。

➢　指さしには，いくつかの種類があります。概ね発達順に示すと「定位の指さし」「要求の指さし」「叙述の指さし」「応答の指さし」です。以下，順に述べていきます。

1）定位の指さし

➢ 定位の指さしは，人と関わるための指さしではありません。自分が興味あるものを指さしているだけです。

➢ たとえば，子どもが図鑑に書かれている動物を指さし「アッー」と言っています。横にお母さんがいても，お母さんを見ることもありません。自分で『あった』と確認しているだけのようです。

2）要求の指さし

➢ 要求の指さしは，子どもが自分の欲しいものを要求するためにする指さしです。

➢ 要求の指さしは，人に対して自分の要求を達成するための手段として使います。

➢ たとえば，子どもは，ジュースが欲しいので，カップを指さしました。お母さんは，子どもがジュースを欲しいことがわかりました。

3）叙述の指さし

➢ 叙述の指さしとは，子どもが関心をもった事物を相手に知らせたり尋ねるために，相手にその事物に注意を向けさせるためにする指さしです。

➢ 叙述の指さしは，人と関わり，意図や気持ちを共有すること自体が目的です。そのため，人との関わりが苦手な子どもの場合は，出現が遅れることがあります。

➢ たとえば，お買い物の帰りに，散歩中の犬に出会いました。子どもは，お母さんに犬がいたことを知らせたくて，犬を指さしました。それから子どもはお母さんの顔を見ました。お母さんには，子どもが『ワンワン，かわいい』と言っているように思えました。そこで，お母さんは，「ワンワン，かわいいね」と子どもに言いました。

➢ ここでは，叙述の指さしをした後に，お母さんの顔を見ましたが，これを参照視と言います。子どもは『お母さん，ワンワンかわいいでしょ』とお母さんの顔を見て確認しているようです。叙述の指さしと参照視によって，お母さんは，子どもの気持ちがよくわかり，気持ちがつながったように感じました。

|コラム1|　社会的参照

　相手の顔を見ることによって，相手の顔から感情，気持ち，意図，情報を読み取っています。これを社会的参照と言います。

　たとえば，お母さんが知らないおじさんと話しています。子どもはおじさんが怖かったのですが，お母さんをみると楽しそうに話しているので，おじさんが怖い人ではないと思いました。

4）応答の指さし

➤　応答の指さしは，「○○はどれですか」などと尋ねた時に，その質問に答えるために指さしをすることです。

➤　子どもが言葉を話せなくても，親が質問したことに対して応答の指さしで的確に答えてくれるので，親は子どもとの意思や意図の共有ができて，気持ちがつながっていることを感じます。

➤　また，応答の指さしによって，言葉が話せなくても，言葉の理解をしていることがわかります。

➤　たとえば，お母さんが「りんごはどれですか？」と尋ねると，子どもは絵本に描かれているリンゴを指さしました。お母さんは，子どもがリンゴという名称を理解していることがわかりました。また，子どもと同じ意図を共有してやりとりができたことで，子どもとの気持ちがつながっていることを感じました。

リンゴはどれですか？

5．動作の模倣

> 子どもは，大人の言動を真似することによって，いろいろなことを学んでいます。子どもが物事を学習する時には，大人の模倣から始めますので，子どもにとって模倣することはとても重要な課題です。

> 模倣には，言語模倣と動作模倣がありますが，ここでは，動作模倣の発達を順に見ていきます。

1）新生児模倣

> 新生児は，目の前にいる人の動作を真似することが知られています。それを新生児模倣と言います。有名な研究として，新生児の前で大人が舌を出すと，新生児も舌をだすという模倣行動があります。

> この新生児模倣は，新生児が意図的に大人の真似をしようとしたものではありません。どうも自動的に真似をする生得的なメカニズムがあるようです。

> また，目の前の人の表情を真似することがあります。

> たとえば，お母さんと子どもが向き合った時に，お母さんが笑うと新生児も笑っているような表情をします。新生児には『この人はお母さんだ』という認識もありませんし，お母さんの感情がわかるわけではありません。しかし，お母さんは，自分が笑った時に子どももニコッと笑うと，あたかも自分の感情が子どもに通じたような感じがします。そのため，お母さんは，さらに，子どもに心があるかのように関わっていくことでしょう。

2）物を使った模倣

➤ 新生児模倣は，子どもの成長とともになくなっていきます。それに代わって，大人の動作を意図的に模倣することが始まります。

➤ 子どもが最初にする模倣に，物を 1 つ使った動作の模倣があります。たとえば，ベルをふって見せるとベルをふります。

➤ 次に物を 2 つ使った動作の模倣をします。たとえば，スプーンでコップをたたく，積み木をコップに入れるなどです。

3）大人のジェスチャーの模倣

➤ 日常生活で大人がしている簡単な動作の模倣をします。たとえば，机をたたく，手をたたく，バイバイと手をふるなどです。

➤ また，大人の顔の真似もします。新生児模倣ではなく，ここでは意図的に顔まねをするようになります。たとえば，親が口をあけると，子どもも口をあけます。

4）遊びの動作の模倣

➤ 大人と遊んでいる時に，遊びに含まれている動作の模倣をします。たとえば，『オツムテンテン』や『イナイイナイバー』に含まれる動作を真似します。

➤ もう少し大きくなってふり遊びができるようになると，大人がふりをしているのを真似ることもできます。たとえば，お母さんがクマのぬいぐるみにジュースを飲ませているのをみて，自分もぬいぐるみに飲むふりをさせました。

5）延滞模倣

➤ 見たものをイメージし，それを記憶できるようになると，以前に見た大人の真似を，後になってから真似することができます。これを延滞模倣と言います。

➤ たとえば，お父さんが日曜日に新聞を読んでいるのを見て，子どもは月曜日に新聞を読む真似をしました。

第3章　遊びの発達

> 子どもの遊びとは，楽しさや面白さを追求する活動です。そのため遊びは生産的でない無駄な活動であると思われた時代がありましたが，近年では，子どもの遊びは，発達的に大変意味ある活動として重視されるようになっています。

> 遊びは，幼児の学びと発達の手段であると言われるほど，遊びには，子どもが成長過程で獲得すべき認知能力，社会的能力，運動能力など多くの能力を培うことができる要素がふんだんに含まれています。

> ここでは，子どもの遊びを，人との関わりによって遊びを捉えた「人との遊び」と子どもの認知発達からみた「物やふりを使った遊び」の2つの観点からみていきます。

1．人との遊び

> 「人との遊び」では，子どもが誰と関わって遊ぶかをみていきます。発達的には，子どもが一人で遊ぶ「ひとり遊び」から，親と一緒に遊ぶ「人との関わり遊び」，友だちと一緒に遊ぶ「集団遊び」へと進んでいきます。

> 「人との遊び」の状況をみるには，親と関わって遊べるか，友だちと関わって遊べるか，多数の子どもと集団遊びができるかというように，人との関わり方をみることが要点になります。

> 「人との遊び」の方法は，第Ⅱ部のプログラムで学びます。

1）ひとり遊び

> 「ひとり遊び」とは人と関わりをもたずに，一人で遊ぶことをいいます。

> しかし大人でもひとり遊びをしていると思います。また，子どもにとっても一人で遊ぶことは自分の興味だけに集中できるよい機会でもあります。したがって，ひとり遊び自体が悪いわけではありません。
> ここでは，子どもが人との関わりをもつことができずに，いつもひとり遊びをしている状態を示しています。

> たとえば，子どもは，電車遊びが大好きで，いつも電車を線路に走らせて遊んでいます。お母さんが一緒に遊ぼうと働きかけても応じないので，お母さんは横にいるだ

けです。

➤　人との関わりがもてない子どもが，ひとり遊びをしている時には，人との関わり遊び
　　ができるように，親がさまざまな工夫をしていきます。

２）人との関わり遊び

➤　「人との関わり遊び」とは，子どもが他の人と一緒に関わりながら遊ぶことをいいま
　　す。まず，最初に親との関わり遊びを沢山経験することが重要です。子どもから親に
　　働きかけることができなくても，親からの遊びの働きかけに応じて遊ぶことができれ
　　ば，そこから始めます。

➤　人と人が関わる遊びとして，感覚運動遊びが適しています。たとえば，お母さんやお
　　父さんと遊ぶ『おふねがぎっちらこ』，『たかいたかい』，『イナイイナイバー』などです。

３）物を仲立ちとした人との関わり遊び

➤　子どもが相手あるいは物と関わる二項関係から，物を仲立ちとして人と関わる三項関
　　係ができるようになると，遊びにおいても，物を使って人と関わって遊ぶようになり
　　ます。

> 三項関係で共同注意が成立すると，相手と同じ物を見て意図や感情や情報を共有することができるので，一人で遊ぶよりも遊びの幅は大きく広がり，人と関わって遊ぶことが一層楽しくなります。

> たとえば，子どもがお父さんにボールを持ってきました。お父さんはボールを見て，子どもがボール遊びをしたいことがわかったので，親子でボール遊びをしました。

> お母さんと子どもが，ウルトラマンの人形を仲立ちにして，ウルトラマンの戦いごっこをしています。

4）友だちと一緒に遊ぶ集団遊び

> 親との関わり遊びを十分に経験したら，子どもは友だちと遊ぶことに興味をもち始めます。親は子どもができない所をサポートしてくれますが，同年代の友だちはサポートしてくれません。ですから，親子遊びよりも友だちと遊ぶ方が，子どもにとってはハードルが高くなります。しかし，それにも増して，友だちとの遊びは魅力的なので，徐々に友だちと遊ぶようになります。

> 子どもが人との関わり合いができない時には，親子遊びは，大変重要です。しかし，子どもが人との関わり合いができるようになると，友だち遊びは，親子遊びでは得られない社会性を育んでくれるので，子どもに友だち遊びの機会を与えていきます。

> 少人数の友だちとの遊びは，たとえば，友だちと一緒に砂場で砂山を作る，友だちと一緒にレゴブロックで遊ぶなどです。多人数でするルールがある遊びは，たとえば，『おにごっこ』『かくれんぼ』などです。

２．物やふりを用いた遊び

> 「物やふりを用いた遊び」は，おもちゃなどの物を用いて遊んだり，ふり遊びをして遊ぶことです。遊びといえば，この「物やふりを用いた遊び」について述べられることが多いです。

> この遊びでは，物を認識したり，物の扱い方を理解する認知能力が関係しています。また，１歳過ぎると，物を頭に思い浮かべる能力（表象的能力）やそれを他の物に見立てる能力（象徴的能力）が育ってきますが，この遊びには，それらの能力が大きく関与しています。

> そこで，「物やふりを用いた遊び」の発達は，それら認知能力，表象的能力，象徴的能力の発達と連動しています。この遊びの様子をみると，それらの能力の発達が推測できるとも言えます。

> 「物やふりを用いた遊び」の発達は，表Ⅰ－２にまとめてあります。ここでは，以下，詳しく述べていきます。

１）探索遊び

> 「探索遊び」では，本来のおもちゃの遊び方をしないで，おもちゃを触ったり，なめたり，口に入れたり，匂いを嗅いだり，叩いたり，投げたり，落としたりすることによって，探索して遊びます。
> 「探索遊び」の段階の子どもは，おもちゃでも物でも同じ扱いで遊びます。

> たとえば，子どもは，自動車の本来の遊び方が分からず，自動車の車輪をくるくる回して遊んでいます。

2）組合せ遊び

➤　「組合せ遊び」では，物をはめこんだ
り，容器に物を入れたり，一定の方法
でおもちゃを重ねたり，並べたりして，
おもちゃや物を組み合わせて遊びます。
この段階の子どもは，おもちゃ本来の
遊び方をするよりも，このように一定
のやり方で並べたりすること自体を楽
しんでいます。

➤　たとえば，積み木やブロックを並べたり，積み上げたりして遊びます。何かを作る目
的で，並べたり，積み上げたりしているのではありません。並べること自体が楽しい
のです。

3）機能的遊び

➤　「機能的遊び」では，本来のおもちゃ
の遊び方で遊びます。

➤　たとえば，電車を線路の上を走らせる，
自動車を押す，車に人を置く，ボール
を投げたり取ったりするなど，おも
ちゃにあった（適正な）使い方で遊び
ます。

4）前象徴遊び（単純なふり遊び）

➤　「単純なふり遊び」は，イメージを思いうかべる表象的能力が育ってくるとできるよ
うになります。

➤　ここでは，「自分がふりをする遊び」と「他者や物に向けてふりをする遊び」に分け
て紹介します。「他者や物に向けてふりをする遊び」の方が難しい課題です。

① 自分がふりをする遊び

　この遊びでは，自分自身が簡単なふりをする遊びです。たとえば，寝ているふり，食べ
るふり，おもちゃの電話で話すふりなどです。

② 他者や物に向けてふりをする遊び

　この遊びでは，他者や物などに向けて簡単なふりをして遊びます。たとえば，クマのぬいぐるみにジュースを飲ませる，人形に食べさせる，人形をベッドに寝かせるなどです。

5）象徴遊び

➤　子どもが象徴的能力を獲得すると，その能力を使った象徴遊びが行われます。象徴機能とは，あるもの（対象）をそれとは異なるもの（シンボル）で代表させる働きです。たとえば，自動車を積み木で表す，自動車を絵で表す，自動車を「じどうしゃ」と言う時に，自動車をシンボルである「積み木」「絵」「言葉」で表していることになります。

➤　ここでは，象徴遊びを「見立て遊び」「複数のふり遊び」「役割があるふり遊び」「役割とストーリーがあるふり遊び」の4つに分けて，述べていきます。

① 見立て遊び

　この遊びは，ある物を他の物で見立てる遊びです。たとえば，積み木を自動車に見立て「ブーブー」と言いながら遊ぶ，粘土をおやつに見立てて食べるふりをして遊ぶ，空のカップから飲むふりをして遊ぶなどです。

② 複数のふり遊び

　この遊びは，いくつかのふり遊びを組み合わせる遊びです。たとえば，「車に人形を乗せて，お店屋さんまで車で行く」です。

③ 役割があるふり遊び

　これは複数の人と遊んでいるときに，自分の役割を想像して，そのふりをして遊ぶ遊びです。たとえば，お医者さん，消防員，ママやパパ，ヒーローになったふりをして遊びます。

④ 役割とストーリーがあるふり遊び

　この遊びでは，複数の人と遊んでいるときに，みんなで共有するストーリーがあり，その中でそれぞれが役割のふりをして遊びます。たとえば，友だちが赤ちゃん，自分がお母さんのふりをして，ままごとをして遊ぶなどです。

表 I - 2　遊びの発達段階

1．人との遊び

	遊びの名称	内　容
1	ひとり遊び	人と関わりを持たずに，いつも一人で遊ぶ。たとえば，一人で電車や車を走らせて遊ぶ，一人でブロックを並べ続ける。
2	人との関わり遊び	人と関わって遊ぶ。たとえば，『イナイイナイバー』『たかいたかい』『一本橋こちょこちょ』。
3	物を仲立ちとした人との関わり遊び	物を仲立ちとして人と関わって遊ぶ。たとえば，親子でボールを投げ合って遊ぶ，親子で人形遊びや積木遊びをする。
4	友だちと一緒に遊ぶ集団遊び	複数の友だちと一緒に同じルールを共有して遊ぶ。たとえば，『おにごっこ』『かくれんぼ』。

2．物やふりを用いた遊び

	遊びの名称		内　容
1	探索遊び		玩具や物を触れたり，口に入れたり，目で確かめたり，匂いを嗅いだり，叩いたり，投げたり，落としたりすることによって，玩具や物を探索して遊ぶ。
2	組合せ遊び		物をはめこんだり，容器に物を入れたり，一定の方法で玩具を繋げたり，重ねたり，並べたりして，玩具を組み合わせて遊ぶ。
3	機能的遊び		玩具にあった使い方をする。たとえば，自動車を押す，車に人を置く，ボールを投げたり取ったりする。
4	前象徴遊び（単純なふり遊び）	自分がふりをする遊び	自分が簡単なふりをして遊ぶ。たとえば，食べるふり，寝るふり，玩具の電話で話すふり。
5		他者や物に向けてふりをする遊び	他の人あるいは人形などに簡単なふりをさせて遊ぶ。たとえば，人形に食べさせるふりをする，人形に服を着せる，人形をベッドに寝かせる。
6	象徴遊び	見立て遊び	ある物を他の物で見立てる。たとえば，粘土をおやつとして食べるふり，空のカップから飲むふり
7		複数のふり遊び	いくつかのふり遊びを組合せる。たとえば，車に人形を乗せて，お店まで車で行く
8		役割があるふり遊び	役割のふりをして遊ぶ。たとえば，お医者さん，ママやパパ，ヒーローになったふりをする。
9		役割とストーリーがあるふり遊び	ストーリーがあり，その中で役割のふりをして遊ぶ。たとえば，友だちが赤ちゃん，自分がお母さんのふりをして，ままごとをして遊ぶ。

第4章　言葉の発達

- コミュニケーションの発達については他章にゆずり，ここでは，言葉の発達に焦点を合わせて述べていきます。
- 言葉の発達は個人差が大きいと言われています。下記には話せるようになるおおよその目安を示していきます。
- 表Ⅰ-3に，ことばの発達段階を表にまとめてあります。ここでは，詳細に述べていきます。

1. 前 言 語

- 生まれたばかりの赤ちゃんは，声を出すことはできませんが，生後2か月を過ぎると「クークー」と喉の奥から出されるクーイングが発声されます。生後3か月には，「プ，バ，ム，ン」といった音ですが，生後6，7か月になる頃には「バーバー」「マンマンマン」という反復喃語になります。これを基準喃語と言います。また，生後10か月以降には，母国語に含まれる音韻中心の意味のない会話様喃語であるジャーゴンが表出されます。
- 言葉が出る前の段階で必要なのは，非言語的コミュニケーションを獲得することです。これについては，第2章を参照してください。

2. 初 　 語

- 1歳前後に，子どもは生まれて初めて話す言葉である「初語」を発するようになります。
- 最初の頃に話される言葉としては，動物（たとえば，ワンワン）や食べ物（たとえば，マンマ）など普通名詞が最も多く，約半分をしめます。また，子どもの生活に密着した日課に関わること（ネンネ）やあいさつ（たとえば，バイバイ）なども多いです。
- その時期の特徴として，まず，言葉を大人が使用するよりも広い範囲に適用されることです。たとえば，「ワンワン」という言葉を，自分の家の犬にも，絵本の犬にも，さらには猫や馬といった四足動物一般にも使用されることがあります。一方，大人が使用するよりも限定的に使用することもあります。たとえば，「ブーブー」という言葉を，一般的な車の名称ではなく，自分の家の車だけに使うことがあります。

3．一 語 文

➢ 　1歳を過ぎた子どもは，言葉を繋げた句や文章を話すことができません。一語だけを話しますが，その一語だけでいろいろな意味を伝えています。これを「一語文」と言います。たとえば，ご飯を指さして「マンマ」と言った時には「ごはんあるね」という意味です。また，おやつをもっと食べたい時に「マンマ」と言うと，それは「もっとちょうだい」ということを意味しています。

➢ 　初語から半年くらいは，言葉の獲得のスピードは比較的ゆっくりと進み，半年で50語くらいを獲得すると言われています。しかし，その後，急激に表出する言葉の数が増えて，1日10語以上も獲得するとも言われています。

4．二 語 文

➢ 　2歳頃に，単語を2つつなげた「二語文」を話すようになります。たとえば，「パパ，カイシャ」「マンマ，アッタ」などです。このように，二語文には「ハ」や「ガ」といった助詞が入らないのが特徴です。

➢ 　なお，二語文が話せるようになる時期は個人差が大きく，年齢よりも子どもが話す言葉の数が関係していると言われています。言葉の数が100語を超えると80% 以上の子どもが二語文を話せるようになるそうです。

5．構文的・意味的複雑さ

➢ 　その後，終助詞（ヨ，ネ，カ，テ），格助詞（ガ，ノ，ニ，ヲ），副助詞（ハ，モ）などが使用されるようになっていきます。

➢ 　構文のルールが分かり始め，もっと長い文章を話せるようになります。そして，その構文や意味は複雑さを増していきます。

➢ 　しかし，助詞などを正確に使用するのは難しく，幼児期には間違った使い方がよく見られます。たとえば，正しくは「キシャニ　ノリタイ」ですが，「キシャガ　ノリタイ」と間違って言います。

➢ 　構音（言語音声を作り出すこと）に関しては，幼児期が終る頃に高い水準に達しますが，サ行やラ行は構音しにくいため上手く言えないことが多いです。また，幼児特有の発音として，サ行とタ行が入れ替わる（たとえば，「オカアサン」と言うところを「オカアタン」と言う），発音の順番が入れ替わる（たとえば，「オトコ」と言うところを「オコト」と言う）が見られることがあります。

表 I-3　ことばの発達段階

言語段階		説　明
前言語	前意図的	・喃語や音声を発話する。 ・意図的なコミュニケーションではない。
	意図的	・言葉を話さないが，コミュニケーションが意図的であり，伝えたいことが明確になる。 ・要求，抗議，コメントを伝えるために，指さし，提示行動，手渡し行動などを使い始める。
初　語		・生まれて初めて，言葉を話す
一 語 文		・一語文を話す ・いくつかの単語を理解し，使い始める。 ・言葉を使ったターンテイキングを始める。 ・音声の韻律（会話のリズム）を変え始める。 ・要求，応答，抗議，注意をひきつける，挨拶するなどのために言語を使う。
二 語 文		・二語文を話す（単語を組み合わせて単純なフレーズにする）。たとえば，「クルマ，ノル」「パパ，カイシャ」など。 ・語彙は急速に増加する。 ・物や動作の名称が言える。 ・聞き手を意識し，聞き手が理解できないならば，繰り返したり，言い方を変える。 ・「今，ここ」にある物について話す。 ・大人と話している話題に合わせて話す。
構文的・意味的複雑さ		・構文のルールが分かり始め，長い文章を作る。 ・言葉を使って物の説明をする。たとえば，「大きな赤いボール」「小さな緑のボール」 ・「何？」「どこ？」「いつ？」「誰？」「なぜ？」「どのように？」の質問に答える。 ・プランニングする，報告する，感情を表出する，想像上の文脈においてコメントする，情報を要求する，承認を要求するなど，様々な機能のために言葉を使う。 ・直近の過去や未来について話し始める。 ・相手との会話の話題を保ちながら話し，そして，聞き手が必要とする情報を特定する。 ・会話交替のルールを学び始める。 ・聞き手によって，会話や言語を変える。

第5章　自閉スペクトラム

1．自閉スペクトラムとは

➤ 自閉スペクトラムとは，自閉症状が強い状態から弱い状態へとスペクトラム状に連続していることを表します。

➤ 「自閉症」という名称を聞いたことがあると思います。「自閉症」は，1943年にアメリカのカナーが発表した名称です。この時，対象となった子どもの自閉症状が重かったために，今でも自閉症状が重い場合はカナー型自閉症と呼ばれています。以前は，「自閉症」とはこのカナー型自閉症のことを表していましたが，最近では，重い自閉症状から軽い自閉症状までスペクトラム状に連続していると考えられるようになりました。

➤ したがって，下図の右端には，自閉症状が重いカナー型自閉症の人が位置し，徐々に自閉症状が軽くなって左端は典型的な発達（定型発達と呼ぶ）の一般の人が位置づくことになります。この概念にしたがえば，定型発達である人でも，自閉症状の連続上にあると言えます。また，自閉症状が連続的に並んでいるので，どこからどこまでが障害であるという区切りがないことが分かります。

➤ しかし，支援をするためにも，どこかで恣意的に区切りをつけて診断することが行われています。現在，正式に使われている診断名は「自閉スペクトラム症」です。また，自閉症スペクトラム障害と呼ばれることもあります。以前は，自閉症，高機能自閉症，アスペルガー症候群などいろいろな名称が使われていましたが，それらはすべて，この「自閉スペクトラム症」に含まれます。

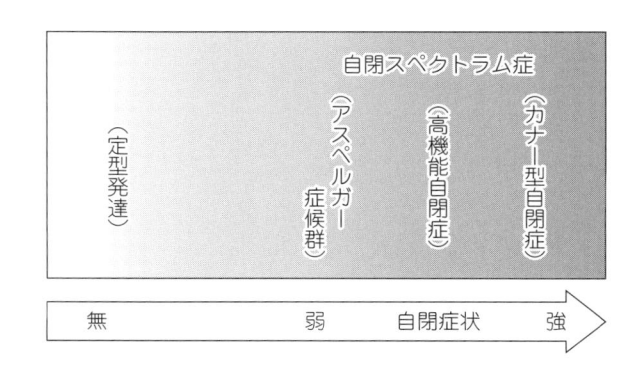

41

２．自閉スペクトラム症の特徴

➢ 自閉スペクトラム症には，以下の３つの特徴があげられます。
  ① 社会的コミュニケーションの困難
  ② 行動の反復や興味・関心の限局
  ③ 感覚刺激に対する過敏さまたは鈍感さ
➢ 一般に，３つの特徴をすべて強くもっている場合に「自閉スペクトラム症」と診断されます。
➢ しかし，診断されない場合でも，３つの特徴のいずれかをもっていることや３つの特徴を弱くもっていることがあります。このように，これら３つの特徴を子どもがどのようにもっているかは，子ども一人一人で違っています。
➢ それでは，３つの特徴を１つずつ説明していきます。

① 社会的コミュニケーションの困難

　社会的コミュニケーションの発達については，第２章でみてきました。社会的コミュニケーションの困難とは，その発達の遅れや偏りのことであり，社会的コミュニケーション発達の積み上げがなされなかった結果として表れてきます。具体的には，以下の言動がみられます。
  ● 対人的情緒的関係の困難
    ・双方向交流（人との関わり合い）の困難
    ・情動共有の困難
    ・人の気持ちが読めない
    ・仲間に興味を示さない
    ・想像上の遊びを他の人とする（たとえば，ごっこ遊び）ことの困難
  ● 非言語的コミュニケーションの困難
    ・視線が合わない
    ・身ぶりや表情の理解や使用の困難
  ● 言語的コミュニケーションの困難
    ・ことばの遅れ
    ・エコラリア
    ・人称の逆転
    ・会話の困難
    ・比喩や冗談の理解困難

② 行動の反復や興味・関心の限局

　単調な行動を繰り返したり，何かにこだわりをもつことがみられます。このような行動は，一般的にあまりみられないので，親はなぜこんな行動をするのかと不思議に思うこと

が多いですが，その背景には理由があるはずです。具体的には，以下の行動や様式がみられます。

- 身体の動き，物の使用，会話を繰り返し行う
  - ・手をひらひらさせる
  - ・クルクル回り続ける
  - ・ミニカーを一列に並び続ける
  - ・小石を木に投げ続ける
  - ・オウム返しを言う
- 同じ物や習慣へのこだわり
  - ・小さな変化に対する極度の苦痛（たとえば，食器戸棚にいつもと違う並べ方をしているのを嫌がる，ゴミ箱がいつもと違う所に置いてあると嫌がる，掲示板にいつもと違うものが貼られているのを嫌がる）
  - ・移行することの苦痛（たとえば，あることをしているのをやめて，次の行動に移行することを嫌がる，同じ服を着続けて，他の服に着替えるのを嫌がる）
  - ・柔軟性に欠ける思考様式（たとえば，自分の好きなことしかやらない）
  - ・儀式のようなあいさつの習慣（たとえば，幼稚園に行った時に，最初に必ず給食室に行く）
  - ・毎日同じ道順をたどったり，同じ食物を食べたりすることの要求
- 限定されたものへの興味の執着
  - ・一般的でない対象への強い愛着（たとえば，ミニカーや棒などをいつでもどこでも手に持っている）
  - ・限局した，固執した興味（たとえば，同じ DVD の同じ場面を繰り返し見る，キラキラしたものに固執する，マークに固執する）

③ 感覚刺激に対する過敏さまたは鈍感さ

　感覚の特異性は，主に，触覚，聴覚，視覚，味覚，嗅覚そして運動感覚が対象になりますが，さらに，その特異性においても過敏さと鈍感さがあります。そのため，感覚特異性の状態は多様にわたっています。

　それらの状態をすべて一人の子どもがもっているわけではありません。特異性はどの感覚なのか，それは過敏か鈍感のどちらなのかが，一人一人の子どもによって異なっています。

　親からみると不思議に思う子どもの行動の背景には，感覚特異性がある場合があります。そのためにも，子どもの感覚特異性をしっかりと把握して，子どもの行動を理解していきたいものです。具体的な行動を，表Ⅰ－4に示します。

表 I - 4　感覚の特異性

運動感覚	過敏さ	・階段やエスカレーターを怖がる ・ブランコ，シーソー，滑り台を怖がる ・乗り物酔いをする
	鈍感さ	・ジャンプする ・体を前後にゆらす ・くるくる回る ・荒々しく転げ回って遊ぶ（たとえば：空中に投げ出される遊びが好き） ・行ったり来たりして走り回る
触　覚	過敏さ	・手にべたべたつくのを嫌がる（たとえば：粘土，泥，絵の具） ・特定の布の感触に好き嫌いがある ・帽子や手袋を着るのを嫌がる ・髪を洗ったり，切ったりするのを嫌がる ・かむと音がする食べ物が嫌い
	鈍感さ	・ずっと抱きしめてほしい ・ブランケットに包まれる ・せまい場所に入り込む（たとえば，ソファの後ろ） ・ぴったりとした服を着たがる ・床にべったりと寝る ・人にぶつかる ・手をたたく ・いつも物を握っている ・口に物を入れる ・歯ぎしりをする ・怪我してもほとんど泣かない
聴　覚	過敏さ	・耳をふさぐ ・家電を使うときに泣き叫ぶ（たとえば，掃除機，ドライヤー） ・優しい声で話すのを好む ・とっても小さな音を聞くことができる
	鈍感さ	・話しかけても聞いていないようだ ・音楽や特定の音が好きだ ・特定の音がするおもちゃが好きだ ・アニメのように話しかけられるのが好きだ
視　覚	過敏さ	・暗いところを好む ・（まぶしいので）よくまばたきをする ・太陽をさける
	鈍感さ	・電燈をつけたり消したりする ・繰り返される動きを見る（たとえば，本の頁をめくる，戸の開け閉め，顔の前で指を動かす） ・物を一列に並べる ・物を横目で見る ・物を変わった角度から見る
嗅覚と味覚	過敏さ	・くせのない食べ物を好む ・特定のにおいに敏感だ（たとえば，香水）
	鈍感さ	・物をペロペロなめたり，嗅いで物を確かめる ・味の濃い食べ物が好きだ（たとえば，非常にしょっぱいもの）

第6章　自閉スペクトラム症の療育と親支援

1. 自閉スペクトラム症の療育

➢ 現在，自閉スペクトラム症に関して，大変多くの療育法が開発されています（表Ⅰ－5）。あまり多すぎてどれをすればいいかわからないかもしれません。しかし，それらが基盤としている考えによって，「行動的アプローチ」「発達論的アプローチ」「包括的アプローチ」の3つに分けると，それぞれの特徴がよくわかります。

➢ 実際に，子どもにどの療育法をやらせるかは，子どもが抱えている問題に最も適している方法になりますが，その時の問題だけの対処法ではなく，子どもの成長を見通して，長い目で見て子どもにとって必要な療育法を選択することが望まれます。

➢ それでは，アプローチ別に自閉スペクトラム症の療育を見ていきます。

① 行動的アプローチ

　スキナーが学習理論に基づいて始めた行動分析は，1960年代に自閉症に対して適用されるようになりました。応用行動分析（ABA）とは，この行動分析を生活や臨床活動に適用した方法を言います。行動分析に基づいた療育法を総称して行動的アプローチと呼びます。

　行動的アプローチは，歴史的にも古くから行われており，現在，国内外で最も多く行われています。学習理論に基づいて，行動を形成あるいは消去していくので，子どもの問題行動に対応するには有効です。

② 発達論的アプローチ

　発達論的アプローチは，定型発達の研究に基づいた発達論のもとに，子どもが社会的相互作用を行う能力を高めることに焦点が当てられています。子どもが他者に注意を向け，他者との相互作用を行い，そしてそれらを通して多様な情動を経験することを支援するものです。

　近年，子どもの社会的認知発達に関する研究が飛躍的に進んだことにより，発達論的アプローチの療育が，次々と提案されています。行動的アプローチのように問題行動への効果はすぐには得られませんが，子どもが生きていく上で最も重要で土台となる人との関わり合いの発達を促していきます。そのため，発達早期の子どもには，型どおりの行動様式をめざすのではなく，人との関わりを育てる発達論的アプローチが適していると考えられます。

表Ⅰ-5　自閉スペクトラム症への療育

タイプ	名　称	内　容
行動的アプローチ	応用行動分析（ABA）	社会性，コミュニケーション，学力，日常生活のスキルを向上させ，問題行動を減少させる目的で，スキルと問題行動のアセスメントに基づき，明確な行動目標を設定して，スキルを教える支援計画のもとに実施する。
	機軸行動発達支援法（PRT）	ABA に基づき社会性，コミュニケーション，遊びのスキルを教える。子どもの発達の鍵（機軸）となる領域に焦点を合わせ支援する。
	ソーシャルスキル・トレーニング（SST）	コミュニケーション技術であるソーシャルスキルを向上させることにより，人間関係を構築したり，集団生活に適応できるようにする。
発達論的アプローチ	発達的社会－語用論モデル（DSP）	様々な楽しい活動を通じて，子どもの自発的な社会的コミュニケーションを発達させる目的で，日常の親子相互作用を使って，コミュニケーションを促す介入の総称である。
	DIR 治療プログラム	発達理論に基づき，感覚の発達，運動スキル，認知情動発達，コミュニケーションを向上させる。遊びを通して，親や他者との相互作用を頻繁に取れるように子どもに働きかける。
	RDI 対人関係発達指導法	社会認知発達プロセスにそって，社会性のスキルと対人関係発達を促す。子どもの社会的関わりに対する動機づけと関心を高め，社会的関係を楽しむ能力を高める。
包括的アプローチ	ティーチプログラム（TEACCH）	学習と発達を向上させる目的で，スキルの習得を容易にし，独立を促進するため，環境の構造化に焦点が当てられる。
	サーツモデル（SCERTS）	コミュニケーション，情動調整，交流型支援の3領域からなり，コミュニケーション，社会的関係性，感覚的特性，家族に焦点を当てた介入を行う。
	アーリースタートデンバーモデル（ESDM）	社会性，コミュニケーション，学力，日常生活のスキルを向上させる。発達論に依拠しながら，目標を達成するための行動方略を提示し，それを促す支援を行う。

＊尾崎・三宅（2016b）を改変

③　包括的アプローチ

　行動的アプローチと発達論的アプローチを統合して用いる療育法を包括的アプローチと呼びます。上述したように行動的アプローチと発達論的アプローチはそれぞれ特徴があります。その良いところを統合して用いる包括的アプローチを行うことは，現在，国際的潮流となっています。

2．自閉スペクトラム症の親支援プログラム

➤　自閉スペクトラム症の親支援に関しても，多くのプログラムが開発されています（表Ⅰ-6）。内容については，前項の子どもの療育の捉え方と同じです。子どもの療育と同様に，大きく「行動的アプローチ」「発達論的アプローチ」「包括的アプローチ」

表Ⅰ-6　自閉スペクトラム症の親支援プログラム

タイプ	名　　称	内　　容
行動的アプローチ	ペアレントトレーニング	親が子どもの発達状態を理解し，子どもへの関わり方を知り，子どもにあった支援ができる親は，グループトレーニングを受けて，子どもの望ましい行動への強化や不適切な行動への対応方法を習得する。
	NASアーリーバードプログラム	子どものコミュニケーション・スキルを向上させ，子どもの行動を理解できるように，子どもを支援する親は，グループトレーニングを受け，ASDの特徴，コミュニケーション発達支援法，問題行動への対処法を学ぶ。
	ステッピングストーンズ・トリプルP	子どもとの効果的な関わり方や問題行動に対する対処スキルを学ぶ家族支援プログラム。トリプルPの発達障害児を対象にしたプログラム。トリプルPの基本を踏まえて，発達障害児が起こしやすい行動に焦点を合わせて対処スキルを学び，家庭で親が実施する。
発達論的アプローチ	発達的社会－語用論モデル（DSP）	様々な楽しい活動を通じて，子どもの自発的な社会的コミュニケーションを発達させる目的で，日常の親子相互作用を使って，コミュニケーションを促すことを親に教える。
包括的アプローチ	More Than Wordsプログラム	日常生活において親子間に応答的な相互作用を取り入れ，環境を操作することによって，子どもの社会的コミュニケーションと言語スキルを促進する。親は，子どもの発達段階にあった応答的相互作用を促す方略を学び，家庭の日常生活において実践する。
	サーツモデル（SCERTS）の交流型	ASD児の理解力，言語，社会情動の発達及び感覚処理を向上させるために，家族と専門家が協同して行う。

＊尾崎・三宅（2016b）を改変

の3つに分けることができます。

➤ また，親支援においても，現在，行動的アプローチのプログラムが最も多く行われています。有名な方法として，ペアレント・トレーニングがあります。

➤ 発達論的アプローチの親支援の歴史は浅いですが，21世紀になってから急速に拡大しています。More Than Wordsプログラムとサーツモデルの交流型は，包括的アプローチに入れてありますが，中心となる考え方は，発達的社会－語用論モデルであり，発達論的アプローチにかなり近いです。

➤ 本書のふれあいペアレントプログラムは，発達的社会－語用論モデルやMore Than Wordsプログラムなどを参考にして作成されており，発達論的アプローチに位置づけられます。

第Ⅱ部

社会的コミュニケーション発達を促す ふれあいペアレントプログラム

第7章　プログラムを始める前に知っておくこと

1．ふれあいペアレントプログラムとは

　このプログラムは，社会的コミュニケーション発達が気になる子どもをもつ母親や父親など養育者のために作られました。社会的コミュニケーション発達が気になる子どもは，人と上手く関わることができず，人とコミュニケーションが取り難い子どもです。その「人」の中には，親も含まれますから，子どもは親とも関わりが上手くもてないことを示しています。

　子どもを育てるということは，親が子どもに一方的に世話や保護するのではなく，親の働きかけに対して子どもが応えていくことによって成り立ちます。しかし，人への関心が薄く，人との関わりが上手くできない子どもは，親の働きかけに応じることが苦手です。親は，自分の働きかけに応じてくれない子どもを前にして，子育ての手ごたえを感じ取れず，寂しい思いをすることもあるでしょう。しかし，どうすればいいかがわからないうちに，気がつけば，親子の関わり合いが乏しくなっていることがあります。

　対人関係の発達と社会性の発達だけでなく子どもの基本的な発達の土台は，発達早期に人との関わりをたくさん経験することによって築かれます。そのため，乳幼児期に親子の関わり合いをたくさんすることがとても重要です。

　人との関わりが苦手な子どもをそのままにしておくと，対人関係や社会的なスキルが身についていきません。しかし，もともと親が子どもに働きかけても応答を得ることが難しかったために，親もそれ以上関わらなかったことが考えられます。親が子どもへの関わり方がわからないならば，それを解決することは簡単です。親は子どもへの関わり方を学べばいいのです。

　社会的コミュニケーション発達に障害や遅れがある子どもと関わりをもつには，ちょっとしたコツがあります。そのため，上にきょうだいがいる場合，親は子どもの育て方を知っていると思っているかもしれませんが，それと同じ育て方では上手くいきません。子どもの特性をしっかり理解して，それに合わせた方法を習得することが必要です。

　ふれあいペアレントプログラムは，社会的コミュニケーション発達が気になる子どもとの関わり方すなわち育て方を学ぶものです。

1）このプログラムが親と子どもにもたらす利点

　このプログラムでは，家庭において，親が子どもに関わる方法を学びます。子どもの療育は，専門家にお任せしたい，なぜなら，親は専門家ではないから上手くできないし，親がやるのは大変だからと思っているかもしれません。しかし，このプログラムは，親を専門家のように育成し，親に子どもを療育してもらうことを目指しているのではありません。

　心を開いてくれない人，あるいは気難しい人がいたら，あなたはどのように接しますか。その人とどのように関わればいいかをいろいろ工夫するのではないでしょうか。人と関わりがもてない子どもについても同じことが言えます。どのように関わればいいかを工夫する必要があります。それは，療育という専門分野だけでなく，人との関わりが必要な日常生活のすべての場面において必要とされることなのです。

　家庭では，家族間で様々な関わりをもちながら日常生活が営まれています。それは避けて通れない活動です。その活動が円滑に進むために，親子の関わり方を学ぶことが本プログラムの目標です。決して，家庭で専門的な療育を特別に行うことを要求するものではありません。

　プログラムでは，子どもへの関わり方が身につくまで練習しますが，いったん関わり方が身につけば，それは日常生活において自然にでてくるようになるでしょう。そして，継続することがとても重要です。身についた関わり方を続けて行うことによって効果がでてきます。このプログラムで学ぶことは，短期間に集中して行えばよいものではなく，長期間にわたって生活に根づいて行っていくことによってこそ効果が表れます。

2）ペアレントトレーニングとの違い

　日本で行われている親支援としては，応用行動分析（ABA）に基づくペアレントトレーニングがあります。これは，問題行動をターゲットにして，それに直接働きかけるので，問題行動への対処方法として有効であり，かつ効果が比較的短期間で現れるという特徴があります。それに対して，ふれあいペアレントプログラムは，人との関わり方やコミュニケーションの方法を工夫して行うことを目標としており，問題行動の軽減に即効的に効果がでるものではありません。長期間にわたり継続して行うことによって，人との関わり合いができるようになります。そして，人との関わり合いの経験によって問題対処の方略が豊かになった結果として，問題行動が軽減していくと言えます。

　言い換えれば，ふれあいペアレントプログラムは，問題行動への即効性ではなく，発達早期において何よりも大事な人との情緒的な関わり合いを重視しているプログラムだと言えます。

3）プログラムのターゲットスキル

　このプログラムでは，子どもの社会的コミュニケーション発達を促すことを目標に行いますが，具体的なターゲットスキルは，「人との相互的関わり」「共同注意」「感情や気持ちの共有」です。実際には，日常生活や遊びを通してこれらのスキルを子どもが獲得できるようにしていきます。

① 人との相互的関わり

　相手に関心を示さなかったり，相手の働きかけに応えない子どもがいます。これは，「人との相互的関わり」がまだできないことを示しています。人は，アイコンタクト，身ぶり，発声，言葉などの手段を使って，相手に物を要求したり，自分から働きかけたりす

るなど，相手との関わりをもちます。「人との相互的関わり」とは，相手と相互に関わり合うことです。プログラムでは，相互に関わり合う時に行動が交わされることを「やりとり」と呼んでいます。このような「人との相互的関わり」のスキルを身につけることは，全ての社会的コミュニケーションスキルを発達させるための土台になります。

　このプログラムでは，社会的コミュニケーションを促すための最も重要なターゲットとして「人との相互的関わり」を位置づけています。プログラムでは，親子の関わり合いができる工夫や方法を提案していき，親子のやりとりが何度もできることを目標にしていきます。

② 共同注意

　相手と同じ物を見て，相手と注意を共有することを「共同注意」と言います。これができるようになることは，大きな発達のターニングポイントとなり，「人との相互的関わり」が一層発達していきます。また，共同注意ができることは，言葉の獲得にも必要な要素です。

③ 感情や気持ちの共有

　「人との相互的関わり」において，相手との行動のやりとりに感情や気持ちをのせていき，相手と感情や気持ちを共有できるようにしていきます。
プログラムでは，感情や気持ちの共有が難しい子どもに対して，親の方から豊かな情緒的関わりや情緒的応答性を行うことにより，子どもとの間に感情や気持ちを共有する方法を提案します。

4）ターゲットスキルを獲得するための方法

　子どもにターゲットスキルを獲得させるために，親は子どもへの関わり方の方法を学びます。最初は，関わるための方法が，具体的に提示されます。そして，それらの理解を積み重ねていき，最終的には日常活動や遊びにおいて我が家の工夫を行っていくことを目標にします。それらの方法を以下に示します。なお，これらは，本書第12章から15章に詳しく書かれており，プログラムの中で説明があります。

① 子どもとの関わり方（第12章）

　　　＊子どもがしていることをよく見る
　　　＊子どもの言っていることをよく聞く
　　　＊子どもがするのを待つ
　　　＊子どもと向かい合って関わる
　　　＊子どもと感情や気持ちを共有する

② 子どもとのやりとりの工夫（第13章）

　　　＊やりとりのきっかけを作る
　　　＊子どもの興味や行動に合わせる

＊子どもにモデルを示す

＊子どもの世界を広げる

③ ふれあい方略（第15章）

ふれあい方略は，「ふ・れ・あ・い」の4文字に合わせた4つの方略からなります。覚えやすくなっていますので，この方略を思い出しながら日常活動や遊びを実施していきます。

＊ふれあって気持ちを合わせ

＊れんぞくして何度も繰り返し

＊あなたと子どもがやりとりして

＊いっしょに楽しく遊びましょう

5）ふれあいペアレントプログラムの背景理論

現在，国内外で様々な親支援プログラムが提案されていますが，それらは，拠り所としている理論によって大きく3つに分けることができます（第6章を参照）。それは，行動的アプローチ，発達論的アプローチ，そしてこの2つを組み合わせた包括的アプローチです。

ふれあいペアレントプログラムは，発達論的アプローチになります。発達論的アプローチとは，社会的認知などの発達理論や研究知見に準拠して子どもの発達を促す支援の総称です。発達論的アプローチは，DIR/Floortime プログラムに始まり，その後，発達的社会－語用論モデル（Developmental Social-Pragmatic Model）も加わって，多くのプログラムが提案されています。

ふれあいペアレントプログラムでは，発達論的アプローチである DIR/Floortime プログラムや More Than Words プログラムを参照するとともに，社会的コミュニケーションを促すプログラムである JASPER や ImPact プロジェクトを参考にしました。また，現在の社会的認知発達及び社会的コミュニケーションに関する多くの研究知見を取り入れてプログラムを作成しました。

ふれあいペアレントプログラムは，このような様々なプログラムや先行研究を参考にして，日本の親子にとって使いやすいプログラムとして，筆者が開発したものです（尾崎，2017）。

2．テキストの使い方

1）プログラムを受講する方へ

第Ⅱ部は，ふれあいペアレントプログラムを受講する時のテキストになります。プログラム9回の進行に合わせて，第8章から第17章まで1章ずつ対応しています。

各章は，最初に学習内容の説明が書かれており，これをテキストにして学習会をします。そして，最後には，グループワークの課題が書かれています。学習会で学んだことをもと

にして，グループワークの課題を行います。

　学習内容は，子どもへの対応をどのようにすればいいかが，イラストを用いて分かりやすく書かれてあります。しかし，やさしく書かれていると，それだけでは「なぜこれをするの？」「これは何の役にたつの？」ということがわからないことがあります。その時は，第Ⅰ部に，このプログラムを理解するために必要な知識が書かれてありますので，そこを参照してください。

　また，グループワークの課題には，積極的に取り組んでください。各回でホームワークが出されます。それらを順番に取り組むことによって，内容がわかるようになっています。ちょっと大変かもしれませんが，ぜひ頑張ってください。

　なお，テキストは，プログラム受講中に使用するだけでなく，受講後も日常生活における子どもへの対応のテキストとして活用してください。

■ プログラムを受講できない方へ

　自分の周りにふれあいペアレントプログラムを実施している場所がないかもしれません。その場合でも，このテキストは，子どもへの対応がイラストを用いてわかりやすく書いてあるので，自分でできるところはやってみましょう。あるいは，テキストを読むと，対応のポイントが書かれてあるので，それを思い出しながら子どもと接するだけでも，子どもへの対応が違ってくることでしょう。前述したことですが，テキストを理解する上で必要な知識が，第Ⅰ部に書かれていますので，一人でテキストを実施しようとする人は，第Ⅰ部を読むことをお勧めします。

　また，グループワークの課題もできるところは一人でやってみましょう。話し合いは一人ではできませんが，表に書き込んだり，チェックリストに記入することはできます。テキストを読むだけでなく，実際に自分でワークをしてみるところに，習得への道が開かれています。ぜひ頑張ってください。

3．プログラムの進め方

1）事前の情報提供

　プログラムは，母親や父親が子育てを学ぶために行うものですが，指導者に自分の子どもの発達状況や特性を知ってもらわないと，指導者から適切なアドバイスをもらうことができません。そこで，プログラムが始まる前に，子どもの発達状況や特性を指導者にしっかりと伝えておきましょう。事前面接や事前調査などが行われる場合は，そこで伝えます。

2）プログラムのスケジュール

　プログラムの構成は，週1回のグループセッション，1回90〜120分間，全9回が基本です。しかし，グループ構成，参加者のニーズや理解度によって適切な時間と回数を設定します。また，途中に休憩を入れたり，最後に親子遊びをするなど，どのようなスケジュールで行うかは，実施する機関によって決められます。

3）フォローアップ

　プログラムで学んだ内容を家庭で実施してください。それは，プログラム受講期間だけでなく，受講後も続けて実施してください。日常生活の中に，プログラムで学んだことを定着させてこそ，効果があがります。

❖テキストに書かれている子どもの行動は，あなたにとってとても簡単なことです。そのため，子どもができて当然と思いがちですが，子どもにとっては大変難しいことを忘れないでください。

❖だから，子どもができた時には，必ずほめてあげましょう。子どもは，ほめても嬉しそうな顔をしないかもしれません。しかし，表情や態度で表さないだけで，本当は嬉しいはずです。子どもは，ほめてもらうことによって，きっと「またやってみよう」と思うことでしょう。

❖ほめる時に，親が気をつけなければならないのは，その時その場でほめることです。あとでほめても，子どもは何をほめられたかわかりません。

❖以下のことを心に留めておいて下さい。

> ✓ 子どもができるところから始めましょう。
> ✓ 子どもが何かできたら，必ず，その場ですぐにほめましょう。

第8章　ふれあいペアレントプログラムの説明

1．プログラムの概要

1）日　程
● 週1回行います。1回90分，全9回が基本です。しかし，実際の時間と回数は，参加者の人数やニーズなどによって決めます。
● 全回出席することで，内容がよくわかってきます。
　頑張って出席しましょう！

2）参加者
● 社会的コミュニケーション発達が気になる子どもや自閉スペクトラム症の子どもの保護者
● 子どもの年齢は2〜4歳
● 1グループ，保護者5名前後と指導者1名で行います。
● 自分が困っていることや悩んでいることを人の前で話すには，ちょっと勇気がいります。しかし，思い切って話してみると，他の人も同じように困っていることがわかります。勇気を出して一歩ふみ出しましょう。

3）プログラムの内容
● 各回は，「学習会」「グループワーク」「ふりかえり」から構成されています。
● 各回の最後には，「ホームワーク」が出されます。その日に学習したことをもとに，家で子どもと関わったり，親子で遊んだりするものです。子どもと遊ぶことが少し苦手と思う人も，やってみると案外楽しいかもしれません。挑戦してみてください！

❖ ふれあいペアレントプログラムは，長時間にわたるトレーニングをするものではありません。

❖ 日常生活における子どもとの自然な営みの中で，子どもの発達に合わせた配慮をしていくものです。

❖ 親子で遊ぶことによって，子どもと関わる機会を増やしていきます。

❖ 子どもが楽しいと感じる活動が基本です。

２．プログラムのスケジュール

回　数	プログラム内容	テキスト
第１回	ガイダンス プログラムグラムの説明，自己紹介，子どもの発見ワーク	第８章・９章 p56〜p61
第２回	社会的コミュニケーションの方法 　１．社会的コミュニケーションとは 　２．社会的コミュニケーションの発達 　３．社会的コミュニケーションの方法	第10章 p62〜p75
第３回	社会的コミュニケーション段階の特徴と目標 　１．社会的コミュニケーション段階の特徴 　２．社会的コミュニケーション段階の目標	第11章 p76〜p98
第４回	子どもの育て方(1)――関わり方の基本 　１．子どもとの関わり方 　２．子どもと感情や気持ちを共有する	第12章 p99〜p116
第５回	子どもの育て方(2)――やりとりの工夫 　１．やりとり（ターンテイキング） 　２．やりとりのきっかけを作る 　３．子どもの興味や行動に合わせる 　４．子どもにモデルを示す 　５．子どもの世界を広げる	第13章 p117〜p137
第６回	子どもの育て方(3)――段階別の関わり方とやりとり 　１．芽ばえ段階 　２．リクエスト段階 　３．早期コミュニケーション段階 　４．コミュニケーション段階	第14章 p138〜p168
第７回	親子ふれあい遊び(1)――ふれあい方略 　１．遊びの発達 　２．親子ふれあい遊びとは 　３．親子でふれあい遊びでできること 　４．ふれあい方略	第15章 p169〜p176
第８回	親子ふれあい遊び(2)――段階別のふれあい方略 　１．芽ばえ段階 　２．リクエスト段階 　３．早期コミュニケーション段階 　４．コミュニケーション段階	16章 p177〜p210
第９回	親子ふれあい遊びの発展 　１．親子ふれあい遊びの発展 　２．親子ふれあい遊びのまとめ 　３．全体のふりかえり 　・修了式	17章 p211〜p232

第 9 章　アイスブレーキング

1．自己紹介

➤　これから一緒に活動する仲間に自己紹介をします。

➤　最初に子どもや家族について紹介することでしょう。しかし，自分のことを忘れていませんか。家族の次には，自分のことを紹介してください。

➤　今までの自分の人生を振り返ってください。「趣味は？」「あなたの特技は？」そして，「今何をしてみたいですか？」

✤ 子どもを大切にすること

✤ あなた自身を大切すること

✤ ともに大事です！

2．子どもの発見ワーク

➢ 子どもの良いところと困ったところを見つけて，資料1に書きましょう。

➢ 子どものことを一番よく知っているのは，親かもしれませんが，親が子どものすべてを知っているとは限りません。親が気づいていない子どもの良いところがいっぱいあるはずです。見つけてみましょう！

➢ 子どもの困ったところはどこですか？　それを見たとき，どのように思いましたか？子どもの困ったところばかりに注意を向けていませんか。そうするとますますがっかりしてしまいます。子どもの良いところに目を向けていきましょう。

❖ 子どもの困ったところばかりに注意を向けるのではなく，子どもの良いところをたくさん見つけて，それを伸ばしていきましょう。

❖ 子どもの良いところは，子どもの強みを表しています。子どもの強みを認めてあげると，子どもは自分に自信（自己有能感）をもつことができます。

❖ その時，あなたの気持ちも変化しているかもしれません。

グループワーク（第1回）

1）自己紹介（自分の趣味や特技）

・自分の子どもや家族の紹介そして自分の趣味や特技を紹介します。

・他の人の自己紹介を聞いて，質問や感想などを述べます。

2）子どもの発見ワーク（子どもの良いところ，困ったところ）

①子どもの良いところと困ったところを考えて， 資料1 の表に記入します。

　そして，その子どもの行動を見た時にどのように思ったかを書きます。

②一人ずつ，子どもの良いところと困ったところを発表します。

　聞いている人は，それについて感想を述べます。

ふりかえり（第1回）

今日感じたこと，思ったこと，気が付いたことなどを書いておきましょう。

ホームワーク

家庭での子どもの行動をよく観察して，子どもの良いところをたくさん見つけましょう。
見つけたら， 資料1 の表に忘れないうちに記入しておきます。

子どもの発見ワークシート

ほめほめ探し	
子どもの良いところを書きましょう！	それを見た時どのように思いましたか？
①	
②	
③	

こまった探し	
子どもの困ったところを書きましょう！	それを見た時どのように思いましたか？
①	
②	
③	

第10章　社会的コミュニケーションの方法

1．社会的コミュニケーションとは

1）社会的コミュニケーション

➢ 社会的コミュニケーションには，「人との相互的関わり」と「コミュニケーション」の領域が含まれており，人と関わり合ってコミュニケーションすることを言います。

➢ 社会的コミュニケーションでは，アイコンタクト，表情，身ぶり，発声，言葉など多様な手段を用いて，要求する，助けを求める，考えを話すなど様々な目的のために，相手と意思や感情などを伝え合います。

2）人との相互的関わり

➢ 子どもが自分のニーズに沿って行動するだけあるいは相手にかかわらず一方的に行動するだけなら，子どもはまだ人との関わりができない状態です。

➢ 人との関わり方には，相手の働きかけに応答すること（応答）と，自分から相手に働きかけること（自発）があります。

➢ 人と人とのコミュニケーションでは，この働きかけや応答が一方向だけで終わらずに，双方向にやりとりが行われます。このように相手とやりとりして関わり合っていることを「人との相互的関わり」と言います。

太郎君は車輪を回すことに興味があるだけで，まだ「人との関わり」ができません。

お父さんに「ちょうだい」と言われて，ボールを差し出しました。ここでは，相手の働きかけに応答するという「人との関わり」が生じています。

自分で靴が履けないので，足をお母さんに差し出して靴を履かせてもらいました。子どもは，お母さんに助けてもらうために自分から「人との関わり」の働きかけました。

3）コミュニケーション

➢ コミュニケーションには，言葉によるコミュニケーション（言語的コミュニケーション）だけでなく，言葉以外の様々な方法を用いたコミュニケーション（非言語的コミュニケーション）が含まれます。

➢ 言葉が急に話せるようになるわけではありません。非言語的コミュニケーションをたくさん行うことが，言葉の発達につながります。したがって，言葉がまだ話せない子どもは，非言語的コミュニケーションをたくさん行うことが何よりも重要です。

子どもは，お父さんに「アーアー」と言いながら指さしをして，シャボン玉を吹くことを要求しています。お父さんはそれに応えて，シャボン玉を吹きました。子どもは何かをしてほしい時に，言葉で言うのではなく，表情や身ぶりや発声で自分の要求を伝えているのです。ここに，非言語的コミュニケーションが成り立っています。

❖ 子どもがまだ言葉を話せない場合，あなたは子どもに言葉を一生懸命教えたくなるでしょう。しかし，子どもにとって最も重要なことは，自分ができる非言語的コミュニケーションの手段を使って，あなたとやりとりすることです。

❖ 子どもが示す非言語的コミュニケーションを見逃さず，しっかりと応えていくことが，あなたがとるべき最も大切な役割です。

2．社会的コミュニケーションの発達

➢ 社会的コミュニケーションは，赤ちゃんの時から始まっています。

➢ ただし，生まれた時には，まだ自分という存在さえよくわかっていません。また，自分の親を親として認識することもありません。

➢ しかし，親が子どもに自分と同じ心があるかのように思い込んで，子どもと関わっているうちに，親と子どもとの関係性が築かれていきます。

➢ 関係性が築かれるために必要なのは，親と子どもとの関わり合いです。

➢ 日常生活をよく観察してみてください。朝起きて，歯を磨く，朝食を食べる，出かける用意をするなど，朝からしている活動をあげただけでも，その中に，親子が関わり合う機会がいっぱい含まれています。

➢ そして，親子の関わり合いにおいて，表情，動作，発声，言葉などがやりとりされています。

➢ やりとりを意識してやっている人はあまりいないと思いますが，毎日の生活において，我々は他の人と何回やりとりしているか，一度考えてみてください。何十回でしょうか，あるいは何百回でしょうか。

➢ このやりとりをたくさん行うことによって，子どもの社会的コミュニケーションは発達していきます。

➢ だから，大事なのは，親子が関わり合って，やりとりをたくさんすることです。

➢ しかし，子どもの中には，人と関わり合うことが苦手な子どもがいます。そのような子どもはやりとりすることも苦手です。しかし，苦手だからといって，そのままにしておくと，さらに上手くいかなくなってしまいます。

➢ 本書では，人と関わり合い，やりとりする方法や工夫がたくさん書かれていますので，それを参考にしてぜひやってみてください。

3．社会的コミュニケーションの方法

　コミュニケーションの方法を手段と目的に分けて説明していきます。コミュニケーションの目的を果たすために使うのが手段です。手段と目的それぞれにたくさんの種類があり

ます。また，それらは難易度が異なります。一般に，子どもは，やさしい手段や目的から始まり，徐々に難しい手段や目的を習得していきます。

1）コミュニケーションの手段

➢ 子どもは全く言葉を話さなくても，様々な手段を使ってコミュニケーションをしています（表Ⅱ-1参照）。

➢ たとえば，子どもは，親をお菓子の所まで連れて行くことで，お菓子が欲しいことを伝えています。泣いたり，だだをこねることで，怒っていることや不満であることを親に伝えています。とびきりの笑顔を見せることで，大好きなことを親に伝えています。

❖ あなたは，コミュニケーションは言葉を使ってするものだと思っていませんか。確かに，言葉は最も便利なコミュニケーションの方法ですが，コミュニケーションの方法は，決して言葉だけではありません。非言語的な手段がたくさんあります。

❖ まだ言葉が話せない子どもでも，様々な非言語的な手段を使ってコミュニケーションをしています。あなたが，それに気づけば，子どもとのコミュニケーションを楽しむことができます。

❖ 様々な非言語的なコミュニケーションの手段がありますが，子どもが最初からすべてできるわけではありません。簡単な手段から難しい手段までありますから，徐々にたくさんの手段を使えるようにしていきます。

➢ それでは，以下，様々なコミュニケーションの手段を見ていきましょう。あなたの子どもがいつも使っている手段はどれですか。まだ使っていない手段はどれでしょうか。

【注視】

名前を呼ばれたので，お母さんをみる。

【アイコンタクト】

遊びたいのでお母さんの目を見る

【表情】

「楽しかったね」と言われて，ニコニコ笑って応える。

【発声】

「アーアー」と声を出して，抱っこを要求する。

【動作】

お父さんの手を引っぱって，クッキーを要求する。

【物の提示】

クマのぬいぐるみを掲げて，お母さんに見せる。

【物の手渡し】

ボールをお父さんに手渡す。

【リーチング（手さし）】

手を伸ばして，要求する。

【定位の指さし】

※コミュニケーション手段になる
　前段階の指さし

絵本に書かれている自動車を見つけて，自動車を指さす（お母さんに伝えるためではない）。

【要求の指さし】

コップを指さして，ジュースを要求する。

【叙述の指さし】＋【参照視】

犬を指さして，お母さんに犬がいることを伝える（叙述の指さし）。そして，お母さんの顔を見て確かめる（参照視）。

【オウム返し】

「ジュースほしい？」と聞かれて，「ジュースほしい？」と同じ言葉を同じイントネーションで言う。

【単語】

「何がほしい？」と聞かれて，「ジュース」と言う。

【文章】

「何がほしい？」と聞かれて，「クッキーがほしい」と言う。

表Ⅱ-1　コミュニケーションの手段の一覧表

コミュニケーションの手段	説　明	例
注　視	・働きかけられたら，その人あるいは物を見る。	・玩具を渡されたら，それを見る。
アイコンタクト	・働きかけられたら，その人の目を見て，アイコンタクトをとる。 ・自分から相手の目を見て，アイコンタクトをとる。	・「遊ぼう」と言われたので，その人の目を見て，目を合わせる。
表　情	・表情によって，相手に気持ちが伝わる。 ＊子どもの様々な表情とは，満面の笑顔，微笑，しかめっ面，怒った表情，悲しい表情など	・「こんにちは」と言われて，ニコニコと笑う。 ・泣くことによって，悲しい気持ちが相手に伝わる。
発声 （言葉以外の有声音）	・相手の働きかけに対して，声を発する。 ・相手に向かって声を発して，意図や気持ちを伝える。	・「マーマーマー」と言って，ジュースを要求する。 ・「アッアッ」と声を出して，抱っこを要求する。
動　作	・働きかけられたら，身体や手指を単純に動かすこと，行動することによって応答する。 ・身ぶり手ぶり，行動することで，自分の気持ちや考えを伝える。	・「ジュース，ほしい？」と言われて，その人の所に近づく。 ・取ってほしい物に人の手を持っていく（クレーン行動） ・（要らないので）首をふる／手を左右にふる。
物の提示	・相手が物を提示したので，それに注意を向ける（応答的提示）。 ・相手に物を提示して，相手の注意を向けさせる（自発的提示）。	・相手がミニカーを見せたので，それに注意を向ける。 ・クマのぬいぐるみを相手に向かって掲げて，相手の注意をぬいぐるみに向けさせる。
手渡し	・相手が差し出した物を受け取る（応答的手渡し）。 ・自分から相手に物を手渡しする（自発的手渡し）。	・物を差し出されたので，それを受け取る。 ・相手にボールを手渡す。
リーチング （手さし）	・自分がほしい物や関心をもった物に手を伸ばす。	・机にあるリンゴが欲しいので，手を伸ばす。
指さし	・自分のほしい物を要求するために指さす（要求の指さし）。 ・自分が興味や関心がある物を相手に注意を向けさせるために指さす（叙述の指さし）。	・絵本に書かれている自動車を見つけて，自動車を指さす。 ・コップを指して，ミルクを要求する。 ・犬を指して，親に犬がいることを親に伝える。
オウム返し （エコラリア）	・相手が言ったことと同じ言葉とイントネーションで言う（即時エコラリア）。 ・相手が言った言葉を，後になって同じ言葉とイントネーションで言う（延滞エコラリア）。	・「ジュース，ほしい？」と聞かれて，「ジュース，ほしい？」と同じイントネーションで言う。 ・親が「動物園に行こう」と言ったら，後になって突然「動物園に行こう」と言う。
単　語	・質問されたり，働きかけられたら単語で応答する。	・「何がほしい？」と聞かれて，「ジュース」と言う。
文　章	・質問されたり，働きかけられたら文章で応答する。	・「何がほしい？」と聞かれて，「クッキーがほしい」と言う。

2）コミュニケーションの目的

➢　子どもがコミュニケーションするための目的には，様々なものがあります（表Ⅱ-2参照）。

➢　しかし，子どもが，これらの目的でコミュニケーションできるようになるには，発達の順序があります。

やさしいことから始め，徐々に難しいことができるようにします。

　花子ちゃんは，誰も見ていない時でも高い所に置かれた玩具に手を伸ばします。また，そこに人がいても，その人と関わることはありません。自分が周りの人に如何に影響を与えるかがわからずに，行動しているのです。このような子どもは，意図的なコミュニケーションができない段階にいます。

　しかし，お母さんは，花子ちゃんが何をしたいかがわかります。そこで，お母さんは，「くるまが欲しいのね」と言いながら，ミニカーをとってあげました。お母さんは，まさに花子ちゃんが要求したかのごとく，ふるまいました。この経験によって，花子ちゃんは，自分の行動が相手に影響を与えることを理解していきます。

取ってほしいのね

　ある日のおやつの時間のことです。たけし君は，棚の上に置かれたお菓子がほしいので，「アーアー」といって，お菓子を指さしながら，お母さんを見ました。お母さんは，たけし君が「お菓子を取って」と要求していることがわかったので，お菓子を取ってあげました。

　花子ちゃんとたけし君の行動の違いがわかりますか。たけし君は，相手に要求するという「コミュニケーションの目的」をもとに，発声，指さし，参照視（お母さんを見る）という「コミュニケーションの手段」を使って意図的なコミュニケーションをしていますが，花子ちゃんはそれができません。

> ❖ 子どもがあなたにメッセージを送らないからといって，そのままにしておくと，子どもは相手とのコミュニケーションができるようにはなりません。
>
> ❖ そのような場合，あなたは，子どもがまるで自分に向けてコミュニケーションをしているかのようにふるまうといいでしょう。子どもは自分があなたに影響を与えることを理解すると，だんだんコミュニケーションをするようになります。

➢　それでは，以下，様々なコミュニケーションの目的を見ていきましょう。あなたの子どもがいつも行っている目的はどれですか。まだ行っていない目的はどれでしょうか。

【抗議する】

お父さんが一緒に電車で遊ぶことに抗議するために，お父さんの手を押しのける。

【要求する（食べ物）】

お菓子を要求するために，お菓子の所までお父さんの手を引いていく。

【要求する（手助け）】

靴を履かせてもらうことを要求するために，お母さんに向かって足をあげる。

【要求する（遊びを続ける）】

『一本橋こちょこちょ』の遊びを続けることを要求するために、お母さんの手を引っ張って、自分のお腹にのせる。

【要求する（許可を求める）】

食べる許可を求めるために、お父さんの顔を見てからチョコに手を伸ばす。

【応答する（注意に追従する）】

お父さんがすべり台を指さしたので、すべり台を見る。

【応答する（選択する）】

「にんじんとチョコ、どっちがほしい？」ときかれたので、指さしてチョコを選ぶ。

【応答する（働きかけに応える）】

お父さんが「ボール、ちょうだい」と言ったので、ボールを渡す。

【挨拶（さようなら）】

お父さんが会社に出かける時に、バイバイと手をふる。

【自発する（注意を向けさせる）】

お母さんの注意をお菓子に向けてもらうために，戸棚の上のお菓子を指さす。

【自発する（コメントする）】

ボールをみつけたので，お父さんに見せに行き，「あった」とコメントする。

【表す（過去）】

家に帰ってから，お母さんに幼稚園で遊んだ友だちを教える。

【話す（感情）】

けがをした所を指さして「かなしい」と言う。

【ふりをする】

ままごと遊びで，ケーキを食べるふりをする。

表Ⅱ-2　コミュニケーションの目的の一覧表

コミュニケーションの目的		説　明	例
抗議する／拒否する		・自分が嫌なことに対して抗議したり，拒否する。	・自分の遊びに他の人が加わることに抗議するため，相手を押しのける。
要求する	飲食物／物／玩具	・食べ物などが欲しい時に，それを要求する。	・お菓子を要求するために，お菓子の所まで人の手を引いていく。
	手助け／他の動作	・自分でできないことを，他の人に助けてもらう。	・靴を履かせてもらうために，相手に向かって足をあげる。
	遊びや歌を続けること	・遊びや歌をもっと続けることを求める。	・くすぐり遊びを続けることを要求するために，相手の手を自分のお腹まで引っ張る。
	何かをする許可を求める	・自分がやりたいことを，やらせてほしいと要求する。	・チョコを食べる許可を求めるために，相手の顔をみてからチョコに手を伸ばす。
応答する	注意・行動に追従する	・注意に追従するとは，相手の視線を追従したり相手が指さす物を見ることである。 ・行動に追従するとは，相手の動作を模倣したり，相手の行動に従うことである。	・すべり台を指さしたので，それを見る。 ・親がフォークで食べたので，真似してフォークで食べる。
	選択する	・いくつかの物が提示されたら，その中から選択することで応える。	・「にんじんとチョコ，どっちがほしい？」ときかれたので，指さしてチョコを選ぶ。
	質問・働きかけに応える	・質問されたり，言葉や行動で働きかけられたら，それに応答する。 ・相手の指示に従う。 ＊質問には，はい／いいえで答える「閉じられた質問」と何，誰，いつ，どこ，なぜ，どのようにで尋ねる「開かれた質問」がある	・「ちょうだい」と言われたので，ボールを渡す。 ・親が『イナイイナイバー』をしたので，笑顔で応える。 ・「チョコは好き？」と尋ねられたので，「好き」と答える。
挨拶	こんにちは	・人と会った時に挨拶する。	・おばあちゃんが来たので「こんにちは」と言う。
	さようなら	・誰かと別れる時に挨拶する。	・家族が出かける時に，バイバイと手をふる。
自発する（「要求する」を除く）	物／人／出来事に相手の注意を向けさせる	・自分が関心をもった物，人，出来事を相手に見せるために，言葉や行動で相手の注意を向けさせる。	・親に注意を向けてもらうために，タンスの上の物を指さす。
	物／人／出来事にコメントする	・今ここにある事物や人に対して，自分の気持ちや考えを述べる（コメント）。	・壊れたぬいぐるみを見せに行き，「だめ」とコメントする。
話す／表す	過去／未来	・自分が今までに（過去）したことやこれから（未来）することを話したり，何かで表す。	・家に帰ってから，幼稚園で遊んだ友だちを親に話す。
	感情	・自分が感じた感情を話したり，何かで表す。 ＊感情とは，喜び，悲しみ，怒り，怖いなど	・悲しい気持ちを伝えるために，けがをした所を指さして「かなしい」と言う。
ふりをする／想像する		・そのつもりになって行動する。 ・今ここにないものを想像する。	・ごっこ遊びで，お店屋さんのふりをして遊ぶ。

グループワーク（第2回）

1）子どもがどのようなコミュニケーションの手段や目的で人と関わっているか，を考えましょう
　 資料2 の「コミュニケーション方法」チェックリストの該当する記号を丸で囲みます。

2）1）のチェックリストに記入して気がついたことについてみんなで話しましょう。

ふりかえり（第2回）

今日感じたこと，思ったこと，わかったこと，気が付いたことなどを書いておきましょう。

ホームワーク

家庭での子どもの行動をよく観察して， 資料2 の「コミュニケーション方法」チェックリストで〇や△がついた項目のところに「実際の様子」を記入しましょう。
最初に記入した以外に，新しくできることが見つかれば追加します。

資料2

「コミュニケーション方法」チェックリスト

「できる（以前にできた）」は○，「時々できることがある」は△，「できない」は×

コミュニケーションの手段				実際の様子
注視	○	△	×	
アイコンタクト	○	△	×	
表　情	○	△	×	
発　声	○	△	×	
動作（身体の動き／身ぶり手ぶり）	○	△	×	
物の提示	○	△	×	
物の手渡し	○	△	×	
リーチング（手さし）	○	△	×	
指さし	○	△	×	
オウム返し（エコラリア）	○	△	×	
単　語	○	△	×	
文　章	○	△	×	

コミュニケーションの目的					実際の様子
抗議する／拒否する		○	△	×	
要求する	飲食物／物／玩具	○	△	×	
	手助け／他の動作	○	△	×	
	遊びや歌を続けること	○	△	×	
	何かをする許可を求める	○	△	×	
応答する	注意・行動に追従する	○	△	×	
	選択する	○	△	×	
	質問・働きかけに応える	○	△	×	
挨拶する	こんにちは	○	△	×	
	さようなら	○	△	×	
自発する	物／人／出来事に相手の注意を向けさせる	○	△	×	
	物／人／出来事にコメントする	○	△	×	
話す／表す	過去／未来	○	△	×	
	感情	○	△	×	
ふりをする／想像する		○	△	×	

第11章　社会的コミュニケーション段階の特徴と目標

1．社会的コミュニケーション段階の特徴

➤　社会的コミュニケーションの状態を4段階に分けることができます。
- ① 芽ばえ段階
- ② リクエスト段階
- ③ 早期コミュニケーション段階
- ④ コミュニケーション段階

➤　子どもの社会的コミュニケーション段階を理解することにより，子どもは何ができるのか，次に何ができるようになるのかを知ることができます。

| チェックコーナー | 社会的コミュニケーション段階 |

社会的コミュニケーション段階を調べる場合は，以下の要領で行います。
（資料4，5，6は p. 97〜p. 98）

1．資料4の「人との相互的関わり」チェックリストの該当するところに〇をつけます。
2．資料5の「共同注意」チェックリストの該当するところに〇をつけます。
3．資料4と資料5の結果をもとに資料6の社会的コミュニケーション段階のフローチャートの YES・NO を判断して矢印を進んでいくと，該当する段階になります。
4．フローチャートで，子どもの社会的コミュニケーション段階がわかったら，この後に書かれている各段階の特徴と目標を見ていきます。

【留意すること】
❖社会的コミュニケーション段階を調べるのは，他の子と比較するためではありません。
❖子どもは何ができて何ができるようになればいいかを，あなたが理解するためです。
❖子どもの弱さと強みがわかること，これこそが子どもを導く鍵となります。

| ① 芽ばえ段階の特徴 |

　芽ばえ段階の子どもはひとり遊びを好み，他の人に関心がないようにみえます。これは，子どもが，人にメッセージを送ることによって，その意図が伝わるということを知らない

からです。したがって，この段階の子どもは，意図的なコミュニケーションができません。

　しかし，実際に，子どもが意図的な働きかけをしていないにもかかわらず，親は，子どもの動き，身ぶり，叫び，表情から，子どもの思いを感じとっているかもしれません。

　この段階では，親が，子どもの思いを感じとって，それに応じていくことが，とても大事です。

花子ちゃんは全く人に頼りません。ほとんどのことを自分でしようとします。花子ちゃんは，公園で遊ぶことが大好きです。お母さんが外に出ようとすると，花子ちゃんは興奮して跳び上がります。たびたび，花子ちゃんはドアを自分で開けようとします。しかしドアノブに手が届かないので，かんしゃくを起こし，泣いてしまいます。「なぜ花子は私に助けを求めないのかしら」とお母さんは不思議に思っています。それは，花子ちゃんがドアを開けることをお母さんに要求することができないからです。この段階の子どもはあなたに直接要求をしないのです。

お父さんが遊びに誘っても振り向きもせず，一人で遊び続けます。

➤　以下に芽ばえ段階の主な特徴を示します。

・親に関わりをもとうとしない。

・（親に頼らず）自分で何でもしようとする。

・欲しい物を見る，あるいは手を伸ばす。

・親と意図的コミュニケーションをしない。

・玩具本来の遊び方で遊ばない。

・嫌がって泣き叫んだり，キーキー声を出す。

・ほとんど言葉を理解しない。

② リクエスト段階の特徴

　リクエスト段階の子どもは，親の手を引っ張れば，親に要求できることを理解し始めています。すなわち，自分が行動することで親に何かを伝えることができることを理解し始めているのです。特に子どもは『イナイイナイバー』や『たかいたかい』などの体を使った遊びが好きです。親がそれらの遊びを途中でやめたら，子どもは親を見たり，自分の体を動かすことで，もっと続けてほしいと要求してくるかもしれません。

　子どもは，何かを要求する時に，相手を押したり，手を引っ張ったりすることで伝えようとします。
　あかりちゃんは，ダイニングのテーブルに置いてあるクッキーが欲しいので，そこまでお父さんの手を引っ張っていきました。

　お母さんが花を持っていると，あかりちゃんが手を伸ばして取ろうとしました。

　はやと君は，お母さんの手を押して，『くすぐりっこ』をして欲しいことを伝えました。

　　お父さんが『たかいたかい』をした後，たけし君は，手を差し出してもう
一回することを要求しました。

➤　　以下にリクエスト段階の主な特徴を示します。
　　　・親と少しだけ関わる。
　　　・欲しい物に手を伸ばす。
　　　・親を押したり，手を引っ張ることによって親に関わる。
　　　・『イナイイナイバー』や『たかいたかい』のような身体遊びで，注視，表情，動作，
　　　　発声を使って遊びをしたいことを伝える。
　　　・やることがわかれば，時折，親しい人の視線を追従する。
　　　・いつもやり慣れている活動では，次に何をすればいいかがわかる。

---

　③　早期コミュニケーション段階の特徴

　　早期コミュニケーション段階では，やりとりができます。まだ，要求するためのコミュ
ニケーションが中心ですが，子どもは自分の意図をもってコミュニケーションします。
　　この段階の子どもは，親に好きな物を要求したり，遊びを続けたいことを知らせるため
に，身ぶり，発声，言葉を使います。たとえば，絵や実物（コップ）を渡したり，言葉を
言うことによって，ジュースやお気に入りのものを要求します。

　　　　　　　　　　　　　　　　　　　　たけし君は，手で開けるしぐさをして，箱を
　　　　　　　　　　　　　　　　　　あけてもらうことを要求しました。

絵を指さすことでジュースを要求します。

お母さんに人形を提示することで，自分がこの人形を好きなことを伝えます。

コップを渡すことでジュースが欲しいことを伝えます。

➤　以下に早期コミュニケーション段階の主な特徴を示します。

・慣れた場面で，親や親しい人と関わり合う。

・遊びで親とやりとりが続く。

・共同注意ができる。

・物の手渡しや提示ができる。

・『イナイイナイバー』や『たかいたかい』のような好きな遊びを続けることを，同じ動作，発声，言葉を使って要求する。

・絵，身ぶり，指さし，言葉を使って，興味のあること（たとえば，食べ物，玩具，身体遊び，援助）を意図的に要求する。

・親の注意を引くために，身ぶり，指さし，言葉を使う。

・簡単で普段からよく使っている言葉が理解できる。

・「こんにちは」や「バイバイ」の挨拶を言う。

> ④ コミュニケーション段階の特徴

　この段階の子どもは，効果的なコミュニケーションができるようになっています。簡単な会話ができ，幼稚園に行ったことや誕生日に欲しいものなど，また過去や未来のことについても話すことができ始めます。

　この段階の子どもは，関心のあることについてはよく話をします。しかし，慣れない場面では会話のルールを把握できないことがあります。

　この段階の子どもはあなたや他の子どもと一緒に遊びますが，どうやって遊べばよいかがわからないことも多く，そんなときには一人で遊んでいます。

　とおる君は，他の人と一緒に遊んだりします。しかし，相手が何を言っているのかわからなかったり，話すべき言葉が出てこなかったりするため，会話はしばしば中断します。こんな時，とおる君はオウム返しで答えます。

> 以下にコミュニケーション段階の主な特徴を示します。
> ・親と長く関わり合いができる。
> ・よく知っている遊びであれば，他の子どもと遊ぶ。
> ・言葉などのコミュニケーションの手段を使って，要求する，挨拶する，相手の注意を向けさせる，働きかけに応えるなどをする。
> ・言葉などのコミュニケーション手段を使って，過去・未来について話す，感情を表現する，ふりをすることを始める。
> ・短い会話ができる。
> ・相手が自分の話す意味を理解していないときには，言い直したりする。
> ・様々な言葉の意味を理解する。

2．社会的コミュニケーション段階の目標

> 社会的コミュニケーションのいずれの段階でも，次の3つの観点から目標を決めていきます。

1）人と相互に関わり合う

　子どもは，親と関わり合い，相互にやりとりを行うことによって，社会的コミュニケーションを発達させていきます。やりとりによってコミュニケーションが成り立っていることを忘れないでください。

　子どもは，親とのやりとりを通して，

　　・人と一緒に何かをすることが楽しいことが分かります。

　　・自分が何かをすると人に影響を与えることを理解します。

　　・社会的コミュニケーションは，双方向に行うゲームのようなものであることを学びます。

2）コミュニケーションするための手段を身につける

　人とコミュニケーションするためには，子どもはコミュニケーションの手段を身につける必要があります。その方法には，表Ⅱ-1に示したようにたくさんの種類があります。最も高い目標は，言葉によるコミュニケーションですが，言葉が話せるようになるには準備段階が必要です。様々なコミュニケーションの手段を身につけていくことが，言葉の発達の準備段階となります。

　そこで，あなたの子どもが，現在身につけていない新しい手段を使えるようになること，あるいは時々しかできない手段をいつでもどこでも使えるようになることが目標になります。

3）コミュニケーションするための目的をもつ

　子どもがコミュニケーションをする時には，それなりの目的があります。コミュニケーションの目的には，表Ⅱ-2に示したように，たくさんの種類があります。しかし，子どもは，最初からそれらすべての目的でコミュニケーションするわけではありません。コミュニケーションの目的には，ある程度初級のものから上級のものまであります。子どもは，成長とともにコミュニケーションの目的を進歩させていきます。

　したがって，子どもが，現在もっていない新しい目的を加えていくこと，あるいは時々しかもたない目的をいつでもどこでももてるようになることが目標になります。

> ❖子どもは，人とのやりとりによってコミュニケーションを行っています。子どもにとって，あなたとのやりとりをたくさん体験することが大事です。
>
> ❖そして，子どもがコミュニケーションを発達させていくためには，多様なコミュニケーションの方法を身につけていくことが必要です。
>
> ❖そのために，あなたは，子どもが新しいコミュニケーションの方法を習得する機会や場面を設定し，子どもがそれらを練習できる状況をたくさん作りましょう。

➢　それでは，以下，社会的コミュニケーション段階ごとに目標をみていきます。

① 芽ばえ段階の目標

1）身体遊びで楽しいやりとりにもちこむ

　この段階の子どもにとって，親とのやりとりを体験することが重要な課題です。子どもが親と一緒に遊ぶことがどんなに楽しいかを分かるようにしていきます。この時，身体遊びのような子どもが好きな遊びをすることがポイントです。

　花子ちゃんは，まだ人とのやりとりができません。一人でジャンプするより誰かと一緒にする方が楽しいことを分からせるために，お母さんは，花子ちゃんが好きなジャンプを一緒にしました。

2）身体遊びや感覚遊びの中で，身体の動き，アイコンタクト，微笑，発声を使ってやりとりすることを教える

　この段階の子どもは，人の働きかけに応答するやりとりができません。子どもが好きな身体遊びや感覚遊びをしている時に，子どもがあなたを見る，微笑する，体を動かす，発声するようなことがあれば，しっかりと応答のサインとして受け取りましょう。あなたにサインとして受け取ってもらうことによって，子どもは自分がしたことがあなたに影響を与えることに気づいていきます。

ストップ

　お母さんは，花子ちゃんが走っている時に，手を伸ばして「ストップ」と言いました。これを何度もしているうちに，花子ちゃんは，止まって，お母さんをチラッと見て，微笑むようになりました。

3）意図的コミュニケーション（要求すること）の場面設定をする

　自分が欲しいものやして欲しいことを相手に要求することは，最も早く出現する意図的コミュニケーションです。子どもが要求しなければならない場面を設定して，要求行動をたくさん引き出していきます。

　　太郎君は，お母さんに要求のメッセージを送れば，蓋を開けてもらえることがわかりません。そのため，自分で蓋を開けるしかありませんでした。しかし，お母さんが太郎君の持っている瓶のふたに手を伸ばした時，太郎君は，助けてもらえば簡単にできることがわかりました。

---

② リクエスト段階の目標

1）身体遊びの中で，動作や発声を使ったやりとりを増やして，長く遊ぶ

　この段階の子どもは，『イナイイナイバー』や『たかいたかい』のような身体遊びをする時に，親とやりとりできます。しかし，すぐに遊びに興味を失ってしまうので，やりとりは長く続きません。また，子どもは，はっきりわかる身ぶりや発声で遊びを続けることを親に要求しますが，その要求がいつもできるとは限りません。遊びの中で，安定してやりとりができ，もっと長く遊べるようにすることが目標です。

　　『くすぐりっこ』が好きなはやと君は，お母さんの手を自分のお腹に持ってきて，もっとして欲しいことを伝えます。

2）手を引っ張る行動，身ぶり，発声，絵を使って要求する

　この段階の，子どもは，自分が欲しいものを親に要求できるようになります。さらに要求する方法を増やしていくことが目標です。

クッキーが欲しいことを伝えるために，お父さんの手を引っ張っています。

手を広げて，お父さんにチョコレートが欲しいことを伝えています。

3）子どもが要求するものを増やす

　子どもが要求することができたとしても，自分が好きなもの，しかも1，2個だけに限られていることが多いです。親は子どもが欲しいものをもっと見つける必要があります。子どもが要求するものを増やしていきましょう。

コラム2　欲しいものを要求する方法

　子どもが欲しいものを要求する方法にも発達の順序があります。そのため社会的コミュニケーション段階によって要求方法も変わってきます。

　子どもが，現在，どのような要求方法ができていて，次の目標はどれかを考えていきます。
1．親の手を持ち上げて欲しいものの上に置いたり，親の手を引っ張って欲しいもののところまで連れていきます。

2．手を広げる，手を伸ばす，身体をゆらすなどの身振り手振りで要求します。

3．実物を持ってきて，要求します。

4．関係するものを持ってきて，要求します。

5．実物を指さして要求します。

6．写真を指さして要求します。

7．絵やカードを指さして要求します。

8．言葉で要求します。

9．文章で要求します。

③ 早期コミュニケーション段階の目標

1）身体遊びの時，いつも一定したやりとりをする

　この段階の子どもは，親とより長く相互作用ができるようになります。ただし，いつもできるとは限りません。一定して行えるようにするのが目標です。

　　かけっこが好きなありさちゃんは，お母さんが「どん」と言いながら手を上げるのを見て，スタートします。

2）子どもが自分からやりとりを始める

　人の働きかけに応えることでやりとりができたら，今度は，子どもから働きかけてやりとりができるようにします。

　　お母さんが「よーい」と言った後に，ありさちゃんは「どん」と言って走り始めました。

とおる君が「よーい，どん」と言ったので，
お父さんもそれに合わせてスタートしました。

3）身ぶり，指さし，サイン，絵，言葉を使って要求する

お母さんは，この「開けて」という身ぶりが他の場面でも使えるようにするために，
筆箱やお菓子のふたなどを開けるために同じ方法が使えるように教えました。

ミルクの入ったコップを指さしてミルクを要求しています。

4）コミュニケーションの手段を改善する

　子どもがより高い水準のコミュニケーションの手段を使えるように，促していきます。

- ・オウム返しを自発的な話し言葉に変える
- ・動作，身ぶり，発声からサインや絵を使ったコミュニケーションに変える
- ・絵を使ったコミュニケーションから言語コミュニケーションに変える
- ・一語文から短いフレーズを使ったコミュニケーションに変える

　たけし君がチョコの絵を渡すたびに，お母さんは「チョコ」と言いました。たけし君は，その言葉を繰り返し聞くことによって，絵を渡しながら「チョコ」と言うことができました！

　その後，たけし君は，自分から「チョコ」と言って，お父さんにチョコを要求しました。

5）欲しいものを要求するだけでなく，多様な目的でコミュニケーションする

　いろいろな食べ物や活動をいつでも要求できるようになったら，要求以外の目的でコミュニケーションができるようにしましょう。そのために，子どもに次のことができるように促します。

- ・拒否や抗議をする
- ・質問（選択肢式質問，はい／いいえ質問，「何？」の質問）に応答する
- ・「こんにちは」あるいは「バイバイ」と言う
- ・自分の興味あるものとあなたを交互に見る
- ・人あるいはものに注意を向ける
- ・いつもとは違うことあるいはお気に入りのものにコメントする

にんじんとチョコレートとどっちが欲しいと
聞かれて，チョコレートを指さしました。

チョコレートにお母さんの注意を向けさせる
ため，チョコレートを指さしてからお母さんを
見ました。

---

④ コミュニケーション段階の目標

1）手助けしてもらって難しい会話でやりとりをする

　この段階の子どもは，会話が単純であれば，会話に参加することができます。しかし，難しい文章や長い文章で話されると理解できなくなり，会話が中断してしまいます。大人に手助けしてもらって，難しい会話でもやりとりができるようになることが目標です。

私と一緒にブランコ
で遊ばない？

？？？

遊びたいですか？

うん

　お姉さんが長い文章で話しかけたので，会話が中断してしまいました。そこで，お父さんは，お姉さんの話していることをとおる君に理解させるために，お姉さんが話している物を指さして，質問を単純に言い換え，とおる君がやりとりを続けられるようにしました。

2）コミュニケーションの手段を改善する

　この段階のコミュニケーションを促すには，以下のように手段を改善していきます。

　　　・オウム返しを自分の言葉に置き換えます。

　　　・会話において正しい言葉や文章を使えるようにします。

3）多様な目的，場面で，いろいろな相手とコミュニケーションする

　この段階の子どもには，多様な目的でコミュニケーションができるようにします。その次に，様々な場面でそして様々な人に対してできるようにします。

　さらに，この段階の最終の目標は，「今ここ」で起こっていないことについても表現していくことです。

　　　・「何」「誰」「どこ」で始まる質問に答える。

　　　・過去，未来，感情について話す。

　　　・ふりをする。

かなちゃんは，昨日家族で行ったドライブについて「たのしかった」とお母さんに話しました。

4）友だちと一緒に遊び，会話を続ける

　それまで親の援助によって会話を続けていた子どもが友だちとコミュニケーションするには，会話を始める方法，終える方法，話題を維持する方法を学ばなければなりません。

コラム 3　質問のしかた

　質問された場合，子どもが応えやすい質問形式と応え難い質問形式があります。子どもは，質問のしかたが難しいために応えられない場合があります。子どもが質問に応えない場合には，親が質問のしかたを工夫してみましょう。

1．はい／いいえで答えられる質問

　「これはりんごですか？」というように，はい／いいえで答えられる質問が一番簡単です。これなら，「はい（うん）」「いいえ」という一言で答えることができます。また，言葉が話せない子どもは，首をふる，手をふるなどで応えることができます。

2．はい／いいえで答えられない質問

　「なに？」「だれ？」「どこ？」「いつ？」「なぜ？」「どのように？」の6つの質問は，はい／いいえで答えられません。単語や語句や文章で答えなければなりません。このような質問形式は，はい／いいえの質問形式よりも答えるのが難しいです。

　また，6つの質問でも，やさしい質問形式と難しい質問形式があります。「なに？」が一番答えやすく，「なぜ？」や「どのように？」はもっとも答えるのが難しいです。

> 疑問詞の難易度順
> 「なに？」＜「だれ？」「どこ？」「いつ？」＜「なぜ？」「どのように？」

幼稚園から帰ってきたようすけ君に，お母さんは「ようちえんはどうだった？」と聞きましたが，何も答えません。そこで，お母さんは，質問を変えてみることにしました。「幼稚園でだれと遊びましたか？」と聞くと，「ひろしくん」と答えました。

グループワーク（第3回）

1）あなたの子どもの社会的コミュニケーションにはどのような特徴がありますか。

2）本章では，社会的コミュニケーション段階ごとに，以下の3つの観点から目標を立てました。
　・人と相互に関わり合う
　・コミュニケーションするための手段を身につける
　・コミュニケーションするための目的をもつ
この3つの観点を参考にして，あなたの子どもに対して取り組むことができる具体的な目標を考えましょう。

3）2）で書いた子どもの目標について，みんなで話し合います。

ふりかえり（第3回）

今日感じたこと，思ったこと，わかったこと，気が付いたことなどを書いておきましょう。

ホームワーク

上記の2）で書いた社会的コミュニケーションの目標を，家庭でやってみましょう。それを 資料3 に記入します。

「目標に取り組んだ時の子どもの様子」記録表

　子どもに対して取り組むことができる目標を書きましょう。そして，右欄に，家庭でその目標に取り組んだ時の子どもの様子を書きます。

　＊ここでは，今後，取り組んでいく時のために，まず様子を観察することが目的です。

取り組みの目標	家庭での子どもの様子
月　　日（　　）	
月　　日（　　）	
月　　日（　　）	

資料4

「人との相互的関わり」チェックリスト

あなたの子どもは，A，B，Cのどれに当てはまりますか。
1～3のうち1つでも該当するとAです。4～5のうち1つでも該当するとBです。

A	1．子どもは，人（親を含む），物，活動に関わろうとしない。 2．子どもは，親の活動を見ているだけで，一緒に活動しない。 3．子どもは，人とは関わらず，物とだけ関わる。たとえば，玩具で一人遊びする。
B	4．子どもは，親とだけ一方的に関わる。 5．子どもと親は，同じ物，人，興味のある出来事に関わっているが，子どもは親を気にかけていない（注意・関心を向けていない）。
C	6．子どもと親は，同じ物，人，出来事に関わっている。その時，子どもは，関わっている物（人，出来事）と親を交互に見ることによって，親に注意・関心を向ける。

資料5

「共同注意」チェックリスト

　以下の項目について，あなたの子どもができる場合は○をつけてください。そして，○の合計数を一番下の欄に書きましょう。

（　　　）	1．親がおもちゃを指さすと，その方向を見ることがありますか。
（　　　）	2．子どもが持っているものを指さして「それちょうだい」というと，渡したり見せてくれることがありますか。
（　　　）	3．子どもが自分から，おもちゃなどを差し出して親に渡したり，見せてくれることがありますか。
（　　　）	4．子どもが何か欲しい「もの」がある時，自分からそれを指さして要求することがありますか。
（　　　）	5．子どもが何かに興味をもったり，驚いたとき，それを親に伝えようとして，指さしをすることがありますか。

○の合計数	

社会的コミュニケーション段階のフローチャート 　資料6

資料4 と 資料5 の結果をもとにして，下記のフローチャートの YES・NO に答えながら進んでいきます。
たどり着いた所が，あなたの子どもの社会的コミュニケーション段階です。

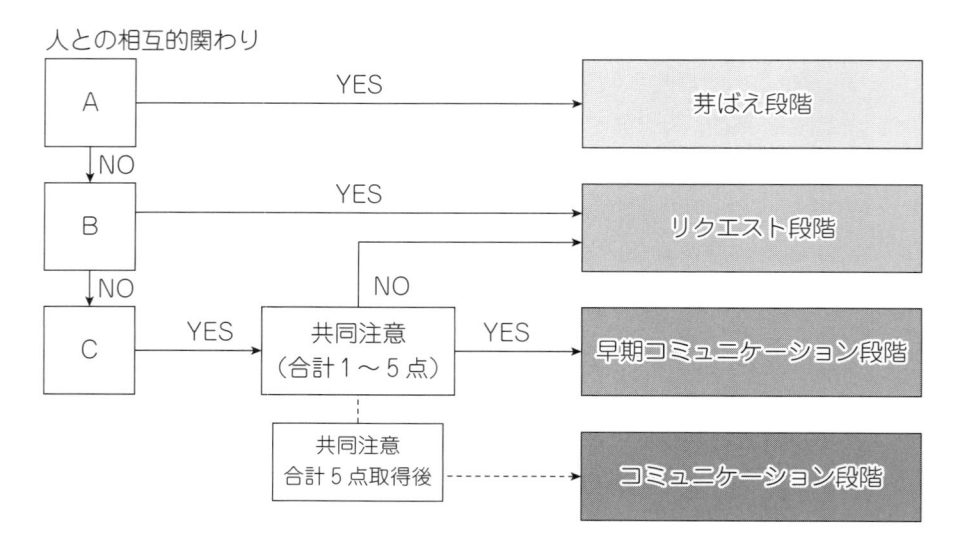

第12章　子どもの育て方（1）関わり方の基本

1．子どもとの関わり方

➤　芽ばえ段階の子どもは，自分にだけ注意が向いているので，親の指示にまったく注意を向けせん。あるいは，指示に従うことができる子どもでも親が一方的に指示をしていると，子どもがコミュニケーションを始める機会が持てません。そこで，どちらにしても，親が子どもの行動に合わせることによって，子どもに様々なことを学ばせていきます。

➤　親が子どもの行動に合わせた場合に，
- 親が選んだものよりも，子どもは自分で選んだものに注意を向けます。
- 子どもは，自分で選択した行動をしている時のほうが，指示された時より社交的で双方向的になります。
- 共同注意が成り立ちやすくなります。
- 子どもは，自分が周りの人に影響を与えることを理解します。

➤　以下に，子どもの行動に合わせるための4つの関わり方をみていきます。

1）子どもがしていることをよく見る

　子どもの行動に合わせるためには，子どもが何に興味をもっているのか，どのようにコミュニケーションをしているのかを知らなければなりません。そのために，子どもの近くでよく観察しましょう！

　お母さんは，太郎君を観察することによって，太郎君がボール遊びよりもうちわに興味があることがわかりました。

　お母さんは，だいご君と一緒に遊ぼうと思いましたが，だいご君は電車でひとり遊びするのが好きです。そこで，お母さんは，だいご君がどのように電車で遊んでいるのかをよく見てみることにしました。すると，「ガッタン　ガッタン」と言いながら電車を走らせていること，電車と電車をつないで走らせること，駅の前では電車を止まらせることなど，いろいろなことができることが分かりました。そこで，お母さんは，駅で止まった時に「○○駅です」などと言うと，だいご君は嬉しそうです。さらに，お母さんは，踏切を作ってあげたりして，だいご君と一緒に遊ぶことができました。

2）子どもの言っていることをよく聞く

　子どもの発声，言葉，文章を注意深く聞いて，子どもが何をすることができるのか，あなたが何をしてあげられるのかを考えます。

　たとえば，子どもが唇を使った（「パッ」とか「バッ」のような）音を出すならば，「パン」とか「バック」のような，その音で始まる事物に興味をもたせて言うようにするとよいでしょう。

　たけし君は，この頃「パッ」とか「パッ　パッ　パッ」などと盛んに発声しています。そこでお母さんは，パンを見せながら「パン」とゆっくりはっきり言いました。すると，たけし君は，何かか細い声で言っています。よく聞くと，お母さんを真似して「パッ〜ン」と言っているようです。

　お母さんは，けいた君に「ボール，ちょうだい」と言うと，けいた君は「ワンワン」と言いました。お母さんは最初何のことだかわかりませんでしたが，絵本でよんだボール遊びをしている犬のことだと気づきました。

３）子どもがするのを待つ

　子どもが自分から働きかけてこない場合も，あなたが何でも先にやってしまうので，その機会がもてないだけかもしれません。あなたが待つことによって，子どもは自分からあなたに要求したり，話しかけるチャンスをもつことができるかもしれません。

　一人遊びが好きなはやと君は，お母さんに自分からお菓子を要求することはありませんでした。ところが，ある日お母さんが電話をしていると，はやと君がチョコレートの箱を指さして要求しました。

　お母さんは，これまで，はやと君が要求しなくてもお菓子をあげていましたが，この日，電話が長引いて，はやと君にお菓子をあげられませんでした。お母さんの電話は，期せずして，はやと君が自分から要求行動を起こすきっかけとなったのです。お母さんは，はやと君が要求行動を起こすまで，少し待つことの大切さを学びました。

　　お母さんは，二郎君が自分から要求しないことを心配していました。ある日，二郎君は，キャンディが欲しいのでビンから取ろうとしましたが，ふたが開きません。いつも，お母さんはすぐに蓋を開けてあげますが，その時お母さんは少し待ってみようと思いました。すると，二郎君は，キャンディのビンをお母さんに差し出して開けて欲しいと訴えました。お母さんは，待っていれば，二郎君がちゃんと要求できることが分かりました。

4）子どもと向かい合って関わる

　　子どもと向かい合うと，子どもが何に興味をもっているかが分かります。子どもの目線に立つことによって，あなたは子どもの世界の一部になれます。

　　また，向かい合うことで，あなたは子どもの表情を見ることができます。表情は言葉以上に多くのことを伝えているので，子どもの理解に役立ちます。

　　お母さんは，太郎君の後ろにいるので，太郎君が紐で遊ぶのが好きなことがわかりません。

　　お母さんは太郎君と向かい合ったとき，太郎君が何に興味を示しているかがわかりました。そこで，お母さんもそれに一緒に加わって遊びました。お母さんは，太郎君が決して自分と遊びたくないわけではないことが分かりました。

　だいご君は，ボールプールが大好きです。ボールプールに飛び込んで，中にもぐったり，ボールを投げたり，一人で遊んでいます。プールの外からお母さんが声をかけても見向きもしません。そこで，お母さんは，自分もボールプールの中に入って，だいご君に向かい合いました。すると，だいご君は嫌がることなく，お母さんからボールを受け取りました。これまでやりとりができなかっただいご君でしたが，ここでやりとりができました。

　とおる君が，お父さんの後ろでうろうろしています。何か困っている様子です。そこで，お父さんは，とおる君の前に行き，向かい合って「どうしたの？」と声をかけました。すると，とおる君は，「でんしゃ　こわれた」と言いました。

コラム4　関わり方のポイント：繰り返しとスモールステップ

　子どもの社会的コミュニケーション段階を進展させるために，親が留意するポイントとして「繰り返し」と「スモールステップ」があります。

《繰り返し》

① 同じ行動を繰り返し行う

- ・社会的コミュニケーション段階ごとにやりとりの工夫を見てきましたが，子どもにとって効果的なやりとりの方法がわかったら，何度も繰り返し行ってみましょう。
- ・一度やってみて上手くいかなくても，何度も繰り返し行うことによって，できるようになるでしょう。
- ・あるいは，一度やってみてできた場合にも，そこで終わりにするのではなく，何度も繰り返しやってみましょう。子どもは，1回できても，次にはできないことがあります。何度も繰り返しやることによって，子どもにその行動を定着させます。そして，いつでもできる状態にもっていくことが大切です。
- ・いつでもできる状態になると，次に進む準備ができています。

② ルーティンを繰り返す

- ・ルーティンとは，決められた手順で行われる決められた一連の動作をいいます。
- ・日常生活のルーティンとは，たとえば，「朝起きる→服を着替える→歯を磨く→朝食を食べる」です。
- ・さらに，歯を磨く行動のルーティンとして，たとえば，「歯ブラシを持つ→歯磨き粉を歯ブラシにのせる→歯ブラシで歯をこする→水道の蛇口をひねる→水で口をゆすぐ」があります。
- ・このような日常生活の行動をルーティン化すると，子どもはそれらの行動を習得しやすくなります。
- ・そして，ある行動のルーティンを毎日繰り返すことによって，子どもに行動を定着させることができます。
- ・特に，芽ばえ段階やリクエスト段階の子どもには，親は同じ言葉かけ，同じ動作をパターン化して行うことがとても大事です。

以下の表は，芽ばえ段階における「靴を履く」ルーティンの例です。

親の言葉かけや動作	子どもの動作
「花子ちゃん，おでかけするよ」 「花子ちゃん，おいで」	親の所に来る。 来ない場合は，親が連れてくる。
靴を見せながら「くつ，はくよ」と言う。	子どもがくつを見る。
子どもの右足をさわりながら「あし，あげて」と言う。 右足にくつをはかせる。	子どもは右足をあげる。 右足をあげない場合は，親が手を添えて右足を持ちあげる。
子どもの左足をさわりながら「あし，あげて」と言う。 左足にくつをはかせる。	子どもは左足をあげる。 左足をあげない場合は，親が手を添えて左足を持ち上げる。
「できた」と言う。 ニコニコしながら両手をあげて，子どもとハイタッチをする。	子どもは親とハイタッチする。 ハイタッチしない場合は，親が手を添えてやらせる。

《スモールステップ》

① スモールステップで進む

・これまで様々な関わり方ややりとりの方法を見てきました。親はあれもこれもやらせたいと思うかもしれません。

・しかし，子どもにとって難しい課題を与えても，子どもは急にはできません。課題を設定したら，その課題ができるために小さく分割した目標を立てましょう。

・小さな目標を一歩一歩進んでいくことをスモールステップで進むといいます。

・たとえば，「すべり台を滑る」を目標にした場合。スモールステップの目標は，「すべり台の所まで来る」→「階段をのぼる」→「すべり台の上で座る」→「すべり台の1/4を滑る」→「すべり台の2/4を滑る」→「すべり台の3/4を滑る」→「すべり台を全部滑る」です。

・そして，スモールステップ成功のためのポイントは，小さな目標ができるたびにほめてあげることです。

② ステップを進む前に試しにやってみる

・しかし，スモールステップだからといって，順調に次々クリアしていくとは限りません。

・スモールステップでも，ステップをあげた時にできないことがあります。そこで，あるステップの行動をしている時に，時々，次のステップをやってみます。子どもがそれに全く応じない，関心を示さない時には，まだ早いですので，今やっているステップを続けてやります。

・しかし，少し応じるあるいは少し関心を示すようなら，徐々に次のステップに進む準備を始めます。最初は，親が援助してやらせますが，徐々に援助を減らしていき，子どもが自分でできるようにすることが基本です。

・たとえば，先ほどのすべり台の場合に親が行う援助を（　）の中に書くと，（親が『おいで』と言って誘う，あるいは親が手を引いてつれてくる）→「すべり台の所まで来る」→（親が子どもの身体を支えて階段をのぼらせる。最初は全部の階段を支えるが，その後は，一段ずつのぼれるようにする）→「階段をのぼる」→（親は子どもが座るように身体を動かす。最

初は短い時間から始め，少し長く座れるようにする。そのためには「たかいね」「すごいね」などと声をかける）→「すべり台の上に座る」→（親が身体を支えて滑らせるが，徐々に親が身体を支える距離を減らし，たとえば4/4→3/4→2/4→1/4というように，残りの距離を子どもに一人で滑らせる）→「すべり台を一人で滑る」

2．子どもと感情や気持ちを共有する

➤　親子でやりとりすることが，社会的コミュニケーションを促すためにとても重要であることをみてきましたが，さらに，親子のやりとりの時に留意すべき重要なポイントがあります。それは，親子で感情や気持ちを共有することです。

➤　親子で身ぶり，指さし，発声，言葉などをやりとりする時に，そこに感情や気持ちを乗せていくことを「感情や気持ちの共有」と呼びます。たとえば，やりとり遊びをしている時に，親と子どもが「楽しいね」という感情を共有する，おいしいケーキを食べている時に「おいしいね」という気持ちを親子で共有するなどです。

➤　しかし，最初から子どもが親と気持ちを共有することは難しいです。子どもが，自分の気持ちを表しにくかったり，相手の気持ちを感じることができにくかったりするからです。その場合は，親から一方的でよいので，子どもに感情や気持ちを向けていき，子どもが感情や気持ちをもっているという親の思いこみでやりとりすると良いでしょう。

➤　最初は，親からの一方的な関わりになりますが，何度も繰り返しているうちに，子どもは親の感情や気持ちに気づいてきます。そして，自分の感情や気持ちを受け止められる経験を積んでいくことによって，子どもも親との感情や気持ちを共有しながらやりとりをしていくことにつながります。

➤　「感情と気持ちの共有」の状態を4つのレベルに分けることができます。

① オレンジ・レベル

② レッド・レベル

③ ブルー・レベル

④ グリーン・レベル

チェックコーナー　　感情と気持ちの共有

　　感情と気持ちの共有のレベルを調べる場合は，以下の要領で行います。

　　（資料8，9は　p.115～ p.116）

1．資料8の「感情と気持ちの共有」チェックリストの該当する記号を丸で囲みます。

2．資料8の結果をもとに資料9の感情と気持ちの共有レベルのフローチャートの YES・NO を判断して矢印を進んでいくと，該当するレベルになります。

3．フローチャートで，子どものレベルがわかったら，この後に書かれている各レベルの特徴と対応方法を見ていきます。

【留意すること】

❖感情と気持ちの共有レベルを調べるのは，他の子と比較するためではありません。

❖あなたが，子どもへの対応を理解するためです。

❖このレベルは,社会的コミュニケーション段階と一対一対応していません。例えば, 早期コミュニケーション段階の子どもがオレンジ・レベルだったり，グリーン・レベルだったりします。

❖「社会的コミュニケーション段階」と「感情や気持ちの共有レベル」を組合せると，一層子どもの特徴がわかり，あなたがどのように対応すればよいかが分かります。

---

① オレンジ・レベル

1）子どもの特徴

　このレベルの子どもは，自分の感情を表すことや相手の感情をつかむことができません。そのため，相手が感情を込めて働きかけても，その感情に応じることはありません。これは，感情の交流ができていない状態であり，感情の共有ができません。

2）親の対応方法

　子どもが働きかけに応じないと，親のモチベーションが下がってしまい，やがて働きかけをしなくなります。しかし，働きかけをしないと，子どもは，ますます感情交流の機会をなくし，そこでの感情の共有ができないままです。そこで，親が，子どもは自分と同じような感情や気持ちをもっているという思い込みをもって関わってみましょう。「楽しいね」「かわいいね」「おいしいね」などと，親の感情や気持ちを子どもに伝えていきます。それに子どもが応えたと思い込み，さらに親は子どもに語りかけます。親の一人芝居のようですが，親もその気になると結構楽しめます。

　おさむ君は，お母さんが語りかけても，表情や動作で応じません。そのためお母さんはやる気をなくしていき，やがて語りかけることが少なくなりました。しかし，ある日，語りかけるとおさむ君が微笑んだような気がしたので，嬉しくなりました。そして，おさむ君が自分の語りかけを受け止めていると思い込み，「楽しいね」などと言っておさむ君に語りかけるようになりました。

　はるかちゃんは，転んで膝をけがしました。しかし，お母さんに痛いことを訴えることもなく，一人で膝をみるばかりです。はるかちゃんが応じなくても構わずに，お母さんは「痛いね」「かわいそうだね」と言って，はるかちゃんに共感する気持ちを伝えました。

---

②　レッド・レベル

1）子どもの特徴

　このレベルの子どもは，親子で感情や気持ちの共有ができ始めています。親が感情を込めて働きかけると，それに応じて感情を表します。たとえば，あやすと微笑む，楽しい遊びを仕掛けるとニコッと笑うなどです。感情を表して応えてくれることは，親にとってとても嬉しいことです。親は子どもと気持ちがつながったような気分になります。

2）親の対応方法

　子どもに働きかけると，子どもが表情などで感情を表してくれるので，親は子どもと感情や気持ちがつながった気がします。しかし，それが長く続かなかったり，たまにしか表さないことがあるので，感情を共有しているという確信がもてません。

　親の働きかけに子どもが表情などで応えてくれるので，親が一方的に思い込みをもって関わることはほとんどなくなります。しかし，まだ子どもの感情表現は弱く，また一定していません。親は，子どもの感情表現を敏感に察知し，それをしっかりと受け止める必要があります。そして，受け止めた子どもの感情に共感し，それを子どもに映し出していき，さらに子どもの感情を高めていきます。

　まいちゃんは，『イナイイナイバー』に全く興味を示しませんでした。しかし，久しぶりにやってみると，まいちゃんがニコッと笑ったので，嬉しくなりました。そして，お母さんは，まいちゃんの感情に応答するかのように，手を広げてバーと言いながら満面の笑みで楽しい気持ちを表しました。それを見たまいちゃんも，ニコニコしています。

　よしお君は，お父さんが膝を揺すると喜びます。お父さんはそれを見て「よいしょ，よいしょ」とうきうきした気分でさらに膝を揺すります。それに応じて，よしお君は喜んで「キャッ　キャッ」と声をだしました。お父さんは，もっと喜ばそうと思って膝を大きくゆすりました。

---

③　ブルー・レベル

1）子どもの特徴

　このレベルの子どもは，感情を表現し，相手の感情を受け取ることによって，感情交流ができます。そして，交流を通して感情や気持ちの共有ができるようになります。

　また，相手からの働きかけに感情を伴う応答ができるだけでなく，自分から相手の感情を引き出すために働きかけを行うことができます。

2）親の対応方法

　親は，子どもと感情や気持ちがつながっている一体感を感じます。しかし，気持ちが通い合うという感触は乏しいです。感情交流はできますが，子どもの意思や意図をはっきり把握できないので，親は子どもの意思や意図を推し量りながら，やりとりします。

かず君は，お母さんにくすぐられるのが大好き
です。お母さんにくすぐることを要求し，くすぐ
られると「ワッー　ワッー」と言って喜びます。
お母さんもそれを見て嬉しくなります。くすぐ
りっこをしている時，かず君とお母さんは楽しい
という気持ちを共有しています。

かず君は，自分からお母さんをくすぐります。
お母さんと楽しい気持ちを共有するために自分か
ら働きかけることができます。

クマちゃん，
かわいいね。

のぼる君は，クマのぬいぐるみをお母さんに掲
げて見せて，ニコッと笑いました。お母さんは，
のぼる君が「クマ，かわいい」と言ったように思
い，「クマちゃん，かわいいね」と答えました。
のぼる君とお母さんは，クマのぬいぐるみを介し
て，気持ちを共有しています。

④ グリーン・レベル

1）子どもの特徴

　このレベルの子どもは，コミュニケーションにおいて感情や気持ちの共有ができます。さらに，相手の感情や気持ちを理解して自分の気持ちを伝えることができます。

　親だけでなく友だちと感情や気持ちの共有ができる，他者の感情を理解して思いやり行動をとるなど，様々な他者との感情交流ができるようになります。

2）親の対応方法

　子どもと感情や気持ちの共有を伴ったやりとりができるので，感情や気持ちの共有について特別に配慮して関わることはありません。子どもと心の通い合いができると感じるようになります。特に，子どもが言葉を話せるようになると，その思いは確信になっていきます。

　お母さんが「きれいなお花だよ」と言うと，ゆりちゃんはニコニコしながら近寄ってきて，「おはな！」と言いました。お母さんは，ゆりちゃんに自分の気持ちが伝わったことがわかりました。

　かなちゃんは，お父さんと一緒にボール遊びをした後，お父さんに自分から「楽しい！」と言いました。かなちゃんがボール遊びが楽しかったことがとてもよく分かりました。お父さんは，それに対して「楽しかったね」と共感して応えました。二人は互いに顔をみてニコッと笑いました。この時，二人は「楽しい」という気持ちを共有して，心が通い合いました。

かなちゃんは，ままごとが大好きです。お母さんに「ケーキ，どうぞ」と言うと，お母さんは「おいしそう」と言って受け取りました。二人は，想像の世界で楽しさを共有しています。

友だちがけがをして泣いていました。ゆりちゃんは，それを心配そうに見ていましたが，その後，友だちに近づいていき，なぐさめようとしました。

グループワーク（第4回）

本章では，以下の4つの「関わり方」を学びました。
・子どもがしていることをよく見る
・子どもの言っていることをよく聞く
・子どもがするのを待つ
・子どもと向かい合って関わる

1）4つの「関わり方」のなかで，あなたがすでに実践している方法はありますか。

2）4つの「関わり方」のなかで，これから家庭でやってみようと思う方法を具体的に書きましょう。

3）これから家庭でやってみようと思う方法について，みんなで話し合います。

ふりかえり（第4回）

今日感じたこと，思ったこと，わかったこと，気が付いたことなどを書いておきましょう。

ホームワーク

2）で考えた「これからやってみようと思う方法」を家庭でやってみます。その様子を 資料7 の「子どもとの関わり」記録表に記載します。2）で書いたこと以外にもやってみて，記録表に書き入れましょう。

「子どもとの関わり方」記録表

子どもとの関わり方について，家庭で実施した時の方法と子どもの様子について具体的に書きます。
＊上から順番にするのではなく，できる所から実施してください。

関わり方の方略	具体的な実施方法と子どもの様子
月　　日（　　）	
子どもがしていることを よく見る	
月　　日（　　）	
子どもの言っていること をよく聞く	
月　　日（　　）	
子どもがするのを待つ	
月　　日（　　）	
子どもと向かい合って 関わる	

「感情や気持ちの共有」チェックリスト

「する（以前した）」は○，「たまにする」は△，「しない」は×

1）	ブランコのように揺らしたり，ひざの上で揺すると喜びますか？	○	△	×
2）	『イナイイナイバー』をすると喜びますか？	○	△	×
3）	積み木遊びなどが終わったときに，「できたね，やったね」と言って笑いかけると，あなたを見て笑い返しますか？	○	△	×
4）	くすぐり遊び（たとえば，『一本橋こちょこちょ』）で，あなたを見て，くすぐって笑わせようとしますか。あるいは笑いながらくすぐりますか？	○	△	×
5）	興味のある物を指さしたり，差し出したりする時，あなたを見て微笑みますか？	○	△	×
6）	誰かが，指を怪我したり，お腹が痛いとき（またはふりをしたとき），その人の顔を心配そうに見ることがありますか？	○	△	×
7）	その時，なぐさめたり，いたわるような行動をすることがありますか？	○	△	×
8）	「いい子ね」「上手ね」などほめたとき，その意味を理解して，照れたりしますか？	○	△	×

資料9

「感情や気持ちの共有」レベルのフローチャート

資料7 のチェックリストの6）〜8）の3問に○がついた場合は，YES に進み，グリーン・レベルです。3問全部に○がつかなかったら NO に進み，さらに3）〜5）の3問に○がついた場合は，YES に進み，ブルー・レベルです。3問全部に○がつかなかったら NO に進み，さらに1）と2）の2問に○がついた場合は，YES に進み，レッド・レベルです。2問全部に○がつかなかったら NO に進み，オレンジ・レベルになります。各レベルで，子どもの状態と大人の対応方法が書いてあります。

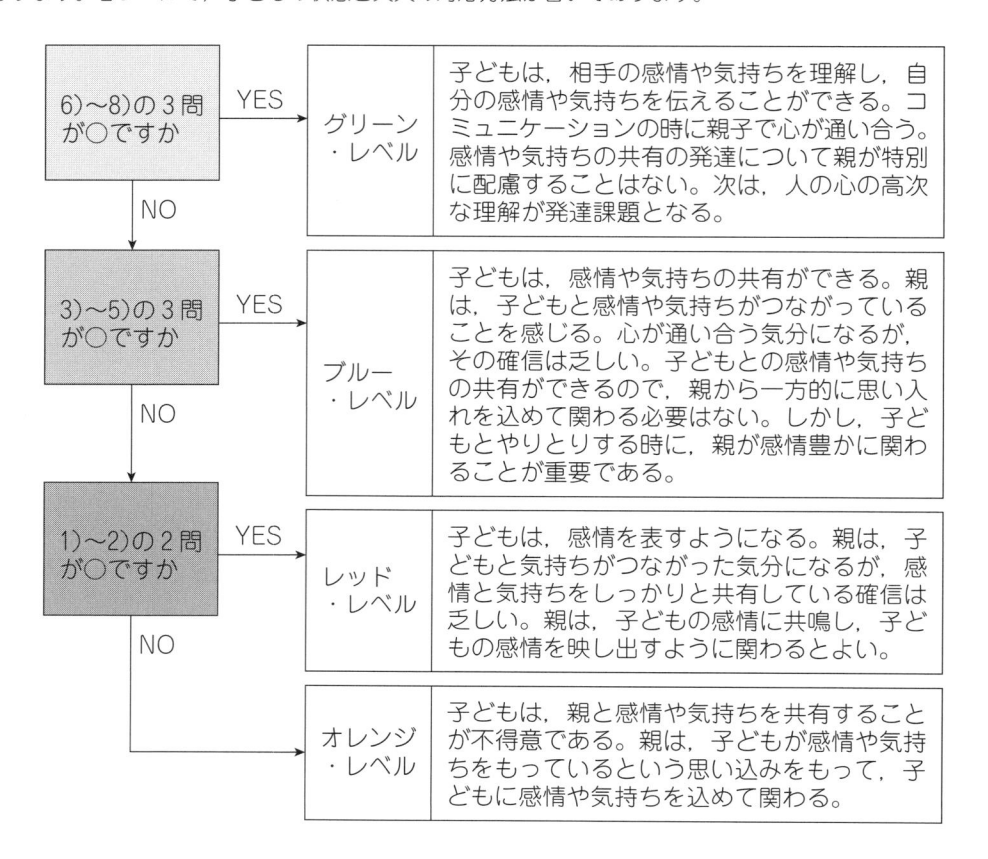

第13章　子どもの育て方（2）やりとりの工夫

1. やりとり（ターンテイキング）

➤　人は相手と関わり合っている時，言葉，表情，動作などの言動を相手との間でやりとりしています。そして，やりとりしている時，人は相手と相互に影響（作用）を与え合っています。もちろん親子で関わり合っている時も同じです。

➤　親子のやりとりには，様々なケースがあります。
- 人との関わりがもてない子どもの場合は，子どもから親への関わりがなく，親から一方的に関わるだけであり，相互のやりとりは成立しません。
- もちろんその逆もあり得ます。子どもから親に関わりをもとうとしても，親がそれに応じなければ，相互のやりとりは成立しません。
- やりとりを親子のどちらから始めるかも重要です。自分から働きかけを始めることを自発といい，相手の働きかけに応じることを応答といいます。子どもにとって応答する方がやさしく，発達的には先にできるようになります。自発はそれよりも遅れてできるようになります。
- 親の働きかけに子どもが応答すると，1回のやりとりになります。その逆も同じです。子どもが働きかけ，親が応答すると，1回のやりとりになります。さらにこれらを繰り返すと，やりとりは2回，3回…となっていきます。

親子の関わり合い

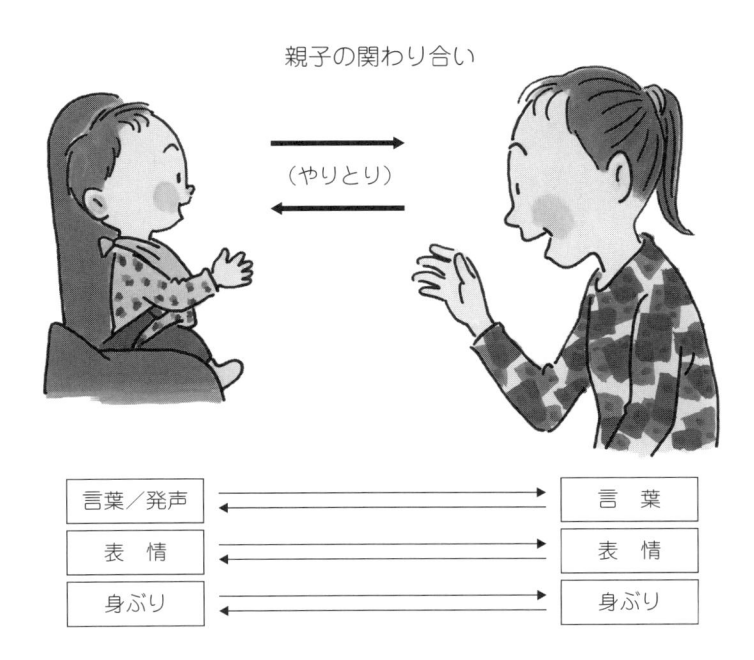

（やりとり）

言葉／発声		言　葉
表　情		表　情
身ぶり		身ぶり

❖ 小さな子どもは，親とのやりとりをたくさん体験することが何よりも大事です。それにより社会的コミュニケーション発達が促されます。

❖ 親子のやりとりができること，そしてそれが2回，3回，4回と長く続くことが，このプログラムの目標になります。

❖ 親子でやりとりができるため，やりとりが長く続くために，親は様々な工夫をしてみましょう。

2．やりとりのきっかけを作る

➢ 子どもが一人で行動したり，一人で遊んでいてもやりとりは始まりません。子どもとやりとりできる状況を作り出しましょう。すると，子どもは要求，拒否，挨拶，コメント，選択をすることが必要になってきます。

➢ それでは，以下に，やりとりのきっかけを作る方法をみていきます。

1）要求させる
① お気に入りのものを見えるけれども手の届かない所に置く

　欲しいものがすぐに手に入れることができれば，子どもは自分で取ってしまい，親に要求する機会が生じません。そこで，わざと子どもが自分一人で取れないようにしておきます。すると，子どもは，親に要求して取ってもらおうとします。

ミニカーで遊びたいとき，たけし君はきっと助けを求めるだろうと思い，お母さんはミニカーを棚の上に置いておきました。

二郎君が自分で開けられない透明のビンに好きなものを入れておくと、二郎君は、お母さんに助けを求めにやってきました。

② 少しずつ与える

　子どもが欲しがるものを一度にあげたら、子どもはそれ以上親に要求する必要がありません。少しずつ与えることで、親は子どもに何度も要求する機会を与えることになります。

ジュースを少しずつ入れることによって、「もっと」と要求する機会を与えました。

③ 子どもが一人でできない玩具で遊ぶ

　シャボン玉や風船のような、子どもが一人でできない遊びをするには、親の助けが必要です。このように、子どもが一人でできない遊びを設定することで、子どもにやりとりするきっかけを与えます。そして、一人で遊ぶよりもあなたと一緒に遊ぶ方が楽しいことを経験させましょう。ただし、その遊びは、子どもにとって大変魅力的なものでないと、遊ぶのをあきらめてどこかに行ってしまうかもしれません。

二郎君は，自分でシャボン玉が吹けないので，お父さんの手を押してシャボン玉を吹くように要求しました。

2）拒否させる

わざと子どもが嫌いな食べ物や玩具を与えて，子どもに「いや！」という表現をさせてみます。これは，「いや」と言わない子ども，あるいは親の働きかけに応答しない子どもに有効です。

かなえちゃんはピーマンがきらいです。お母さんが，ピーマンを食べさせようとすると，顔をそむけました。かなえちゃんは，今，拒否する練習をしているところです！

3）挨拶させる

お父さんが出かける時，家族は手を振りながら「バイバイ」と言って，子どもに見せます。それを毎日続けることによって，子どもはいつか真似するようになるでしょう。子どもがやりとりできる場面を家庭の中に作り出すことがコツです。

お父さんは，会社に出かける時に，必ずひとし君の顔を見て，「バイバイ」と言いながら，手をふります。ひとし君は，最初，手をふることができませんでしたが，やがてできるようになりました。

4）コメントを言わせる

　子どもがいつもしていることに慣れてきたら，親はそれとは違うことをして，子どもを驚かせましょう。すると，子どもは違うことに対して何かコメントを言うかもしれません。

　積み木で遊んでいる時に，お父さんはミニカーを見せて，たけし君の反応を待ちました。すると，たけし君は，驚いて思わず「だめ」とコメントしました。

　お母さんは，けいた君が見ているのを確かめてから，わざとスプーンを落しました。すると，けいた君は，「おちた！」と言いました。

5）選択させる

　子どもが選択する時，子どもはあなたにメッセージを送って気持ちを伝えています。子どもが好き嫌いの基準で物を選択するように促しましょう。

コラム5　選択させる時の呈示方法

　　いくつかの選択肢を設けて，それを選択させることは，言葉で答えられない子どもにとって，自分の要求を示せる大変有効な方法です。ぜひやってみてください。ただし，選択肢の呈示方法によって，子どもが応答しやすいものと応答しにくいものがあります。そこで，簡単に選択できる方法から始め，成長とともに，徐々に難しい方法へと変えていきます。

　　まず，選択肢の数によって難易度が異なります。2つの選択肢で選ばせるのが最もやさしく，選択肢の数が多くなるほど難しくなります。また，何をどの順序で呈示するかでも難易度が異なります。以下，呈示方法について述べていきます。

1．好きなものと嫌いなものを差し出す

　　子どもが最も選択しやすいのは，一つがとても好きなものでもう一つが嫌いなものを選ぶ時です。

にんじんとチョコとどっちがほしい？

　　たけし君は野菜が嫌いなので，選択するのは簡単です。もちろん，チョコを選びました。

2．好きなものを最後に差し出す

　　選択するということが分かるようになると，子どもは，最後に出されたものを選択する傾向があります。オウム返しも最後の言葉を繰り返すように，最後に見たものを選びます。これを心にとめて選択させます。

3．好きなものを最初に差し出す

　　子どもが選択することをたくさん経験したら，好きなものを最初に差し出します。これによって，子どもが，最後に見たものだけを選択しているのではないことを確かめます。

6）視覚的手がかりを与える

　視覚的な手がかりがあれば，それをきっかけにやりとりができることがあります。様々な場面で子どもに必要な視覚的な手がかりを設定して，それを使ったやりとりをしていきましょう。

　お母さんは，冷蔵庫に入っているものをカードに書いて貼っておきました。それを見たかなちゃんは，お母さんに「ジュース」と言って，ジュースを要求しました。

　あきら君が幼稚園から帰ってきました。お母さんが，「だれと遊びましたか？」と聞いても答えません。そこで，お母さんは，友だちが描かれた絵を見せて，もう一度「だれと遊びましたか？」と聞きました。すると，友だちの絵を指さして「ひろしくん」と答えました。

　いつもお父さんが座っている席にお父さんがいません。さとし君は，お父さんの空っぽの席を指さして「おとうさん？」と質問しました。お母さんは「もうすぐ帰ってくるよ」と教えました。

3．子どもの興味や行動に合わせる

➤　人との関わりが苦手な子どもは，基本的に自分の興味や関心を中心に行動しています。そのため，親が働きかけても，それに応じません。そこで諦めてしまう親が多いのですが，諦めずに子どもと少しでも関わりがもてるように工夫してみましょう。そのコツは「子どもの興味や行動に合わせる」です。

➤　前述の「子どもとの関わり方」に従って，子どもの様子を観察しましょう。そして，子どもが何に興味を持っているか，どのような行動をしているかを把握したら，その興味や行動に親から合わせていきます。そして，子どもの世界に入り込み，子どもに気持ちを向けていくことが，子どもが親に関心を向けていくことにつながります。

➤　そして，子どもとの関わりができるようになったら，このような「親から子どもに合わせる」を「親から子どもに働きかける」に変えていき，子どもの世界を広げていきます。ただし，成長とともに難しい課題に取り組むようになりますが，その際，まず子どもの興味や行動に合わせたところからスタートすることがコツであることに変わりはありません。

　てつお君は，いつも一人で走り回っています。お父さんは，てつお君と一緒に走ってみることにしました。一緒に走ると，てつお君の気持ちが少し分かるような気がしました。

　お母さんは，積み木遊びをしようと太郎君を誘いましたが，太郎君は，見向きもしません。そこで，お母さんは，太郎君が持っている紐を引っ張ってみました。太郎君は，お母さんをチラッとみました。お母さんは，太郎君とちょっと一緒に遊べた感じがしました。

　関わりがもてるようになったさと子ちゃんですが，お絵かきの時に，お母さんが「りんご，描いて」と言っても，さと子ちゃんは，それを聞いていないかのように一人で丸を描いています。そこで，お母さんは，「おだんご　たくさんだね」といいながら，お母さんも丸を描き始めました。二人でたくさんおだんごが描けたので，さと子ちゃんも満足そうです。お母さんは，さと子ちゃんのイメージの世界に一緒に入り込み，さと子ちゃんと同じ気持ちを味わうことができました。

4．子どもにモデルを示す

➢　子どもにモデルを示すことは，親の言動を真似する手がかりを与えることに他なりません。モデルには，子どもに動作を示す行動モデルと言葉で示す言語モデルがあります。

➢　子どもが，親の動作や言葉を観察し，真似することによって，子どもは社会的コミュニケーションを身につけていきます。

➢　子どもが，親の言動を真似できるようになったら，他の人の真似もできるようにしていきます。

➢　それでは，以下，行動モデルと言語モデルについて，様々なやり方を見ていきます。

1）行動モデル

① 身体的援助

・子どもが活動の中で，どのようにやりとりすればよいかわからないとき，親の手を子どもの身体に添えて教えてみましょう。この身体的援助は，特別な身ぶりや動作をする時に有効です。

幸せなら手を
たたこう！
パン、パン！

手遊び歌に合わせて動作ができるように，子どもの手を持ってやらせます。

ぴょんぴょん！

バランスボールにのって子どもが上下に体を動かす遊びをしていますが，子どもはじっとしています。そこでお母さんは「ぴょんぴょん」と言いながら子どもの手を持って上下に動かしました。

② 身体的モデル

　子どもに何かを教えるときには，親が実際にやってみせて身体的モデルを子どもに示すと，子どもはどのようにふるまえばいいかがよくわかります。言葉を理解できない子どもはもちろんですが，言葉が理解でき，そして言葉が話せるようになっても，言葉による教示とともに身体的モデルも使用すると，子どもはより理解しやすくなります。

食事の時に，お母さんが「アーン」と言いながら大きな口をあけると，子どもも真似をして大きな口を開けました。

　お母さんが,『オツムテンテン』の遊びで,手を頭にのせると,子どもはそれを真似して頭に手をのせました。

　お父さんが会社に行くときに,バイバイと手をふったら,子どももその真似をして手をふりました。

③　ふりのモデル

　子どもが何かをするふりができることは,子どもの認知発達における大きな進歩です。最初に子どもは,自分でコップで飲むふりをしますが,次に,他の人や物にふりをさせる行動へと進みます。これらのふり行動を獲得するにあたって,親がふり行動のモデルを示すと,子どもはふり行動をしやすくなります。

　お母さんは,クマのぬいぐるみにコップで飲ませるふりをしました。子どもは,それをじっと見た後,それを真似してぬいぐるみにコップで飲ませるふりをしました。

2）言語モデル

① 代弁する

　子どもがまだ言葉を話せないとき，あるいは子どもが自分の思いを十分に言葉で表現できないとき，子どもの思いを親が子どもに代わって言語モデルとして表わすのが代弁です。子どもは，親が自分の思いをわかってくれた嬉しさを感じるとともに，このような状況において，どのように言えばよいかの言語モデルを示されたことになります。

　子どもが車に乗りたそうだったので，お父さんは，子どものかわりに「くるま，のりたいね」と言いました。

　電車が壊れてがっかりしていたので，お父さんは，子どもの気持ちを汲み取って「かなしいね」と言いました。

② 教示する

　言語モデルを与える時，子どもに「…と言ってごらん」あるいは「…と話して」と言っていませんか。この手がかりは，正確に子どもに教える時には大変便利です。
しかし，注意しなければならないのは，オウム返しをする子どもは，教示を含めて聞いたことすべてを繰り返す傾向にあります。たとえば，お父さんが「『水がほしい』って言ってごらん！」と言うと，子どもは，それをそのまま「『水がほしい』って言ってごらん！」と言います。このように，子どもが教示とモデルの区別ができないならば，教示を使うのをやめて，子どもに言ってほしいことだけをモデルで示します。あるいは，「…と言ってごらん」や「…と話して」という所を単調に言うようにします。

友だちと遊ぶ時に，何と言えばよいかを，お母さんは子どもに正確に教えました。

あなたの教示を理解してないならば，子どもはたぶんそのままを繰り返すでしょう。

子どもに話し方を教える代わりに，子どもに言ってほしいことをモデルで示します。おばあちゃんが「けんちゃんは，元気ですか？」と聞いたので，お母さんは，子どもの答えるべき言葉である「私は，元気です」という言語モデルを示しました。

③ 部分モデル

　部分モデルでは，親は，子どもが言うべき一部を言い，それから，子どもがその残りの部分を言うのを期待しながら待ちます。

　　・親が，言葉，フレーズ，文章の最初の部分を言います。それから，子どもが残りの部分を言うことによって，それを完成させるまで待ちます。これは，子どもが自分で質問に答えられるまでの移行措置です。子どもが，すべての質問に自分で答えられるようになったら部分モデルはやめます。

　　　　　　　お父さんは，言葉の最初の部分を言ってから，子どもが穴うめをするのを待っています。

　　　　　　　お父さんは，文章の最初の部分を言ってから，子どもがそれに続いて言うのを待っています。

　子どもが質問に答えることができない時，お母さんは，答えの最初の部分を言うことによって，子どもが答えられるようにしました。

コラム6　子どもにわかりやすい話し方

　子どもに話しかけても応答しない時，もしかしたら親が話していることが難しすぎる，話し方が早すぎる，一度にたくさん言いすぎるなどのために，理解できないのかもしれません。子どもが分かりやすい話し方を心がけましょう。

　それには4つの要点があります。

> ✓　簡潔な文章で言う
> ✓　はっきりと言う
> ✓　ゆっくりと言う
> ✓　視覚的手がかりを示しながら言う

　お母さんは，ボールを返してもらう理由を一気に早口でまくし立てました。さとし君は，お母さんが何を言っているのかわかりません。そこで，お母さんは「ボール，ちょうだい」とボールを指さしながら，ゆっくりとはっきりと言いました。すると，さとし君は，「どうぞ」と言って，ボールをお母さんに渡しました。

5．子どもの世界を広げる

➤　自分の興味や関心だけに注意が向いている子どもには，その子どもの世界を広げるために，親はいろいろな工夫をしてみましょう。

とまれ！

　てつお君が走っている時に，お父さんがとおせんぼうをします。てつお君が手で押すなど『どいて』という動作をしたら，お父さんはどきます。またてつお君が走ったら，とおせんぼうするといったことを繰り返します。てつお君は，一人で走っている時よりもお父さんとの関わり合いができて，てつお君の世界はぐーんと広がりました。

　きよみちゃんは，ボールを投げることだけに関心があります。そこで，お母さんは，かごを用意して，そこにボールを投げる遊びを考えました。きよみちゃんがかごにボールを投げると，お母さんが「ポーン」と言いました。これを何度か繰り返すことができました。きよみちゃんは，一人でボールを投げるよりも，人との関わりの世界が広がりました。

　一人遊びが好きな花子ちゃんでしたが，お母さんが花子ちゃんの身体を押して『おしくらまんじゅう』をしてからは，お母さんと遊ぶのが楽しくなりました。

　みつる君は，ミニカーを並べて遊ぼうとしましたが，ミニカーが見当たりません。そこで，お父さんと一緒にミニカーを探すことになりました。じつは，みつる君と一緒に探そうと思って，お父さんがミニカーを隠しておいたのです。

　ひとし君は，いつもは一人でウルトラマンで遊んでいます。ある日，お母さんがウルトラマンを持ってきて，ひとし君のウルトラマンと一緒に戦い始めました。一人で遊んでいる時よりも楽しい遊びになりました。

　あきよし君は，大きな遊具で遊ぶのが苦手です。自分からは遊びませんが，お父さんやお姉さんが「楽しいよ」と誘ってくれたので，やってみました。あきよし君の遊びの世界が広がりました。

　みつる君は，友だちと一緒に遊ぶのが苦手です。自分から友だちの遊びに加われませんが，お母さんが「ボーリング楽しいよ」と促してくれたので，友だちとボーリングができました。みつる君の友だちとの遊びの世界が広がりました。

グループワーク（第5回）

本章では，以下の4つの「やりとりの工夫」を学びました。
・やりとりのきっかけを作る
・子どもの興味や行動に合わせる
・子どもにモデルを示す
・子どもの世界を広げる

1）4つの「やりとりの工夫」のなかで，あなたがすでにやっていることはありますか。

2）4つの「やりとりの工夫」のなかで，これから家庭でやってみようと思うことを具体的に書きましょう。

3）これから家庭でやってみようと思う「やりとりの工夫」について，みんなで話し合います。

ふりかえり（第5回）

今日感じたこと，思ったこと，わかったこと，気が付いたことなどを書いておきましょう。

ホームワーク

上記の2）で考えた「子どもとのやりとりの工夫」を家庭で実際にやってみます。その様子を 資料10 に記入します。2）で書いたこと以外にもやってみて，記録表に書き入れましょう。

「子どもとのやりとりの工夫」記録表

子どもとのやりとりについて，家庭で実施した時の工夫・方法と子どもの様子について具体的に書きます。
＊上から順番にするのではなく，できる所から実施してください。

やりとりの工夫	具体的な実施方法と子どもの様子
月　　日（　　）	
やりとりのきっかけを作る	
月　　日（　　）	
子どもの興味や行動に合わせる	
月　　日（　　）	
子どもにモデルを示す	
月　　日（　　）	
子どもの世界を広げる	

第14章　子どもの育て方（3）
　　　　段階別の関わり方とやりとり

❖ これまで，子どもとの関わり方とやりとりの工夫について考えてきました。お子さんに合ったやり方はみつかったでしょうか。

❖ 社会的コミュニケーション段階によって，子どもの人との関わり方とそこで行われるやりとりの方法は違っています。親は，それに合わせた関わり方をすることがポイントです。

❖ 家庭において，あなたが子どもと関わり，やりとりするためにどのような工夫をすればよいかを，もう一度考えていきましょう。

❖ 子どもに合ったやり方であること，そしてあなたの家庭でできるやり方であること，これが重要です。

➤ それでは，以下，社会的コミュニケーション段階ごとにをみていきます。

1.　芽ばえ段階

　この段階の子どもは，親との関わりをもたず，自分一人で何かを繰り返し行うことを好みます。このような子どもに関わることは容易ではありません。しかし，子どもは，親と一緒に何かをすることを拒否している訳ではありません。子どもは，どのように親と一緒にすればよいかを知らないだけです。子どもがしていることを親が共有できる方法や機会を探してみましょう。

1）子どもが関わりややりとりをする方法

　芽ばえ段階において，子どもは，以下の方法で親との関わりがもてるようになります。芽ばえ段階の子どもにとって，これらの方法ができることは大きな進歩ですから，大事に育てていきます。

- ・親を見る
- ・親に笑いかける
- ・ほしい物に手を伸ばす
- ・泣いたり，手を押しのけたりして，拒否する
- ・親に物を渡す
- ・親に向けて発声する

2）子どもが関わりややりとりを体験できる機会

　芽ばえ段階の子どもは，親が関わりをもとうしてもなかなか応じてくれません。そこで，まず，子どもの興味に合わせて関わることが重要です。また，子どもが好きなこと，楽しいことをしている時は関わりができるチャンスです。このような機会を見逃さずに，関わりをもっていきます。

① 子どもの興味に合わせるとき
■ 子どもの興味がわかったら，そこに参加する

　子どもを観察することによって，子どもの興味がわかったら，親は，子どもの遊び相手として子どもの遊びに参加します。

　お母さんは，太郎君がボールで遊びたくないことがわかったので，太郎君が興味をもっているうちわで遊ぶことにしました。太郎君がうちわから顔を出したときに，お母さんが「バー！」と言って笑ったら，太郎君も笑いました。

■　子どもが見ているものを見る

　「子どもの興味に合わせる」ことは，子どもが興味をもっているものに，親の方から興味を寄せていくことを意味します。たとえば，子どもが明るい色のブロックに夢中ならば，それを一緒に見ます。それが親にとって奇妙なものでも子どもの興味を大事にします。そして，一緒に見ているものを指さし，それにコメントを加えることを続けると，やがて共同注意が成立するようになるでしょう。

　お父さんは，積み木で遊ぼうと思い，積み木を指さしましたが，子どもはミニカーを見ています。そこで，お父さんは，子どもが見ているミニカーを一緒に見て，「くるま」とコメントしました。

② 子どもの好きな感覚が満たされる身体遊びをするとき

　走り回るのが好きな子どもには，走ることを遊びにすると，そこから子どもと関わる機会が生じます。ぎゅっと抱きしめられるのが好きな子どもには，『おしくらまんじゅう』のような身体を締め付ける遊びをすると，遊びの中で関わりが生じてきます。このように，子どもの好きな感覚が満たされる身体遊びの中には芽ばえ段階の子どもと関わる機会がちりばめられています。

③　子どもにとって楽しい遊びをするとき

　子どもはとても楽しい遊びをしているときに，その楽しさを思わず表出することがあります。その機会を逃さずに親は子どもの楽しさに応えていきます。

④　子どもが本当に欲しいものがあるとき

　この段階の子どもは，あまり好きではないものを勧められても，関心を示しません。しかし，本当に好きなものなら，近づいてくるかもしれません。近づいてきたときがチャンスです。近づいてきたら声をかけていきます。また，どうしても欲しいものがあるときには自分から欲しい気持ちを微弱ではありますが，表わすかもしれません。微弱なサインをしっかりとキャッチして応じていきます。

⑤　子どもが本当にしたいことがあるとき

　この段階の子どもは，親からの働きかけに応じないし，自分から親に働きかけることも
ほとんどありません。しかし，本当にしたいことがあるときは少し様子が違ってきます。
その微弱なサインをしっかりとキャッチして応じていきます。たとえば，外で遊ぶのが好
きな子どもは，最初は戸をたたくだけですが，お母さんが近づくとお母さんを見ることが
あります。これが開けてほしいというサインです。

3）親が子どもと関わりややりとりをするためのキーポイント

　芽ばえ段階の子どもは，自分だけの興味と関心に従って行動しているので，親が子ども
と関わりをもつためには，いろいろな工夫が必要です。ここでは，芽ばえ段階の子どもに
大変適しているやり方を示していきます。

①　子どもを身体的援助で導く

　この段階の子どもは，親からの働きかけに応じないので，親が子どものとるべき動作を
実際に手を添えてやってみます。たとえば，膝の上でゆらす遊びでは，子どもは膝の上に
ようやく乗ってきましたが，そのまま動きません。そこで，親が自分の膝を上下に揺らし
て子どもを動かします。親は「お馬さんパカパカ」と言ってから膝を上下に揺らすと，子
どもが動くので，まるで親子でやりとりをしているようです。

② 子どもに身体的モデルを示す

　この段階の子どもは，親が指示していることや質問していることがわかりません。言葉を理解できない場合は，身体的モデルで示してわからせていきます。たとえば，走り回っている子どもに「とまれ」と言っても止まりません。親は子どもの前に手を伸ばして，止まることを示します。

③ 子どもに言語モデルを示す（行動や発声を代弁する）

　子どもが意図的にメッセージを送っているかのごとく親が対応することによって，子どもが動作を通して要求できるように導きます。たとえば，子どもが自動車の鍵をつかんだら，親は「かぎ，行こう！」と言います。たとえ子どもが親に直接コミュニケーションしなくても，あたかもコミュニケーションしたかのように親は答えます。親が，何度もこれを繰り返すと，子どもは，鍵と自動車に乗ることを結びつけ，自動車に乗ることを要求するために鍵を親に渡すでしょう。

　お母さんは，子どもが自動車に乗りたいと要求しているかのように振る舞いました。それを続けて行っていたところ，ある日，子どもは，お母さんに鍵を手渡すことによって自動車に乗ることを要求しました。

④ 視覚的手がかりを示す（実物を見せる）

　この段階の子どもは，言葉で語りかけられたり，写真やカードを見せながら話されても，理解できません。実物を見せながら話してもらうと，理解することができます。

⑤ 子どもの世界に介入する

　まずは，前述したように子どもの興味に合わせることで，子どもの世界に親も参加していきましょう。それができるようになったら，もう少し積極的に子どもの世界に介入することを試みましょう。一人遊びが好きな子どもは，親が自分の世界に介入するのを嫌がるかもしれませんが，やがて，子どもは，一人で遊ぶよりも親と遊ぶことが楽しいことがわかるようになります。

■　じゃまをする

とまれ！

　てつお君はいつも走り回っています。お父さんは，てつお君の横で一緒に走ることで，てつお君の行動に合わせていましたが，てつお君は，それに全くお構いなしに走っています。そこで，お父さんは，てつお君が走っている前に立ちはだかり，「とまれ！」と言いました。てつお君は，嫌がって，お父さんを避けようとしましたが，お父さんもまたそっちに動きました。そこで，てつお君は，お父さんを押してどけようとしました。ここにてつお君とお父さんのやりとりが生じました。

■　違うものを渡す

　子どもが物を一列に並べるのが好きなら，親はそれを一つずつ渡します。途中で，渡すのを止めると，子どもは並べたい物を手に入れるために，あなたに要求しなければなりません。あるいは，子どもが並べている物とはとは違う物を渡してみます。子どもは，それは要らないと拒否するでしょう。ここに親子のやりとりが生じています。

　積み木で遊んでいるとき，お父さんが積み木ではなくミニカーを渡そうとすると，子どもはきっぱりと拒否しました。

　リクエスト段階の子どもは，親の手を引っぱたり，欲しいものに手を伸ばすことによって，あなたに要求します。また，身体遊びでは，親を見たり，笑いかけたり，発声することによって，やりとりが少しできるようになります。このように子どもと関わりがもてること，少しやりとりができることを大事にして，さらに関わりややりとりができる回数を増やしていきます。

１）子どもが関わりややりとりをする方法
　リクエスト段階において，子どもは以下の方法で関わりややりとりができるようになります。
- ・頻繁に親をみる
- ・親に対して働きかける
- ・親に笑いかける
- ・食べ物や玩具を要求したり，手助けを要求する
- ・泣いたり，押したりして，欲しくない物を拒否する

２）子どもが容易に関わりややりとりを学べる機会
　リクエスト段階の子どもは，親との関わりがもてるようになります。また，やりとりもできることがあります。子どもが好きなこと，楽しいことをしている時には，関わりややりとりができやすいです。また，自分一人ではできない機会を設けると，子どもは親に関わりを求めてきます。そこで，親はこのような機会を積極的に設けていきましょう。

① 日常生活において子どもが欲しいものがあるとき
　この段階の子どもは，親の手を引っぱることによって，欲しいものを要求することができるようになっています。そこで，子どもが欲しいものがあるときには，要求するチャンスと捉えて，要求行動ができるようにしていきます。そして，これらの要求行動を繰り返し行うことによって，段階の終わる頃には，いろいろな手段を使って要求できるようにしていきます。

② 子どもが好きな身体遊びをするとき

　この段階の子どもは，親への関わりができるようになっていますが，どんなときにもできるわけではありません。子どもが好きな身体遊びをしているときには子どもと関われるチャンスです。子どもは，楽しい感情が高まると，人への親和性も高まるようです。

③ 手順がきまっている親子遊びをするとき

　『イナイイナイバー』『一本橋こちょこちょ』などの伝承遊びは，一定の手順で遊びが進みます。たとえば，『イナイイナイバー』では，「イナイイナイ」と言ってから，手で顔を隠す。そして，「バー」と言ってから手を開ける。そして，これを繰り返し行います。このように一定の手順でいつでも遊びが進むと，どこで何をしたらよいのか，どこで何を言ったらよいのかがわかりやすいので，子どもは，動作，発声，言葉でやりとりがしやすくなります。

④ 自分一人ではできない遊びをするとき

　この段階の子どもは，自分でできる遊びなら，人と一緒に遊ぶよりも一人で遊ぶことを好みます。しかし，自分でできない遊びのときには，親に要求してきます。これは子どもと関わるチャンスです。

3）親が子どもと関わりややりとりをするためのキーポイント

　リクエスト段階の子どもは，いろいろな工夫をして関わると，それに応じてくれるので，親も少し手ごたえを感じるようになります。親も楽しみながらやってみましょう。ここでは，リクエスト段階の子どもに適しているやり方を示していきます。

① 子どもを身体的援助で導く

　この段階の子どもは，簡単な動作なら自分でできますが，複雑な動作を自分一人ですることができません。そこで，複雑な動作を必要とする場合は，子どもとの関わりができるチャンスです。親が一方的にやってあげるのでなく，子どもと関わりながらできるように配慮します。

② 子どもに身体的モデルを示す

　この段階の子どもが，行動や動作を習得するときには，身体的モデルを示すことがとても大切です。まだ，子どもは言葉による指示や説明がよくわからないので，親が子どものやるべき行動や動作をしてみせることによって，子どもは何をすればよいかがわかります。

③　子どもに言語モデルを示す（行動や発声を代弁をする）

　まだ話せない子どもが，非言語的な方法で何かを要求しているときには，その物，人，活動の名前を親が代わって言いましょう。繰り返すうちに，子どもが真似して言うようになります。たとえば，子どもが自分でケーキを要求できるように，お母さんは「短く，やさしく」説明するようにしています。

　また，言語モデルを示すときに，歌うように抑揚をつけてゆっくりというと子どもにわかりやすいです。

　おばあちゃんは，「こんにちは♪♪」と言って家にやってきました。つづけて，二郎君を代弁して「こんにちは♪♪」と言いました。おばあちゃんは「こんにちは！」と歌うように言うと，二郎君がしっかりと自分を見つめてくれることを知っています。

④　質問に応える（選択肢を選ばせる）

　この段階の子どもは，親が言葉で質問したことに対して言葉で答えることはできません。しかし，「どっちが欲しい？」という質問の時に，2つの物を呈示して，欲しい物を取らせることによって，質問に応えさせていきます。この段階ではまだ指さしはできないので，欲しいものを直接取るか，あるいはリーチングすることで選びます。

⑤　子どもに視覚的手がかりを示す（指し示す，物を見せる）

　この段階の子どもは，親が子どもに何かをやらせる時に，名前を呼んでも振り向かないことがあります。そこで，名前を呼ぶだけではなく，子どもの体にタッチし，事物を指し示すことによって，子どもの注意を向けさせて，やらせるようにします。たとえば，子どもにすべり台をやらせるために，親は子どもの名前を呼びながら肩をさわり，すべり台を指さすことによって，すべり台に子どもの注意を向けさせています。

⑥　子どもがやりとりする状況を設定する

　この段階の子どもは，少しやりとりができるようになっていますが，いつでもどこでもできるわけではありません。そこで，やりとりができるような状況を親が積極的に設定していきます。たとえば，子どもが一人で開けられない容器にお菓子を入れておく，子どもは見えるけれども自分では届かないところに子どもの好きなものを置いておく，ものをちょっとずつあげる，わざと見当はずれのことをするなどです。このような状況を設定しておくと，子どもは親に要求してきます。

⑦　子どもの行動や発声を模倣する

　親の行動に関心を示さないあるいは親の働きかけに応じない子どもに注意を向けさせる良い方法があります。それは，子どもがしたことを親が真似して従うことです。これを逆模倣といいます。親が子どもの模倣をすることは，子どもに強烈な印象を与え，親に子どもの注意を親に向けさせます。

コラム7　逆 模 倣

　模倣というと，親がモデルを見せて，子どもがそれを模倣することを，思い浮かべることでしょう。しかし，その逆をすると効果があるので，やってみてください。つまり，子どもがやることを親が真似するのです。親の働きかけに応じない子どもでも，親が子どもの真似をすると関心を示して注目します。

　よしお君が机を手でたたいたので，お父さんも同じように机を手でたたきました。すると，よしお君はそれに注意を向けました！よしお君は，再び机をたたいた後に，お父さんを見ました。それは，「次は，パパの番だよ」と言っているかのようでした。

　子どもがハイハイしていたので，お母さんは子どもの真似をしてハイハイしました。子どもは横にいるお母さんに注意を向けました。

＊動作の模倣については，第2章5を参照してください。

3．早期コミュニケーション段階

　早期コミュニケーション段階の子どもは，身ぶり，発声，言葉，見ること（共同注意），指さしを使って，意図的なやりとりができるようになります。しかし，意図的なやりとりができるようになっても，この段階の子どもが最もよくするやりとりの目的は，欲しいものを要求することです。

1）子どもがやりとりをする方法
　早期コミュニケーション段階において，子どもは以下の方法でやりとりができるようになります。

- ・ジェスチャー，発声を頻繁に使う
- ・見ること（共同注意）や指さしを使う
- ・簡単な言葉を使う
- ・様々な物を要求する
- ・選択肢を選ぶ
- ・コメントする
- ・「はい／いいえ」で答える質問や「それは何？」の質問に応じる

2）子どもが容易にやりとりを学べる機会
　早期コミュニケーション段階の子どもは，親とのやりとりができるようになっています。しかし，いつでもどこでも誰とでもやりとりができるわけではありません。また，親とのやりとりも1，2回はできますが，長く続けることはできません。この段階の終わり頃には，やりとりを長く続けることができるようになることを目指します。
　やりとりを長く続けるためには，子どもが好きなことや楽しいことをしている時にはやりとりができやすいです。また，子どもにとってやりとりがしやすい状況があります。この段階でも，このような機会を親が積極的に設けていくとよいでしょう。

① 子どもが欲しいものがあるとき
　リクエスト段階の子どもは，欲しいものがあるときに親の手を引っ張るなどの動作を使って要求しましたが，この段階では，指さし，動作など多様な手段を使って要求することができるようになります。そのような多様な手段が使えるような機会を設定し，子どもとかかわっていきましょう。このように，子どもが欲しいものがあるときには，子どもとやりとりする良い機会となります。

②　子どもが興味や関心をもつものがあるとき

　リクエスト段階の子どもは，興味や関心をもつものに自分一人で集中することも多いですが，この段階では，自分が興味や関心をもつものを親に知らせるようになります。そのため，子どもが興味や関心をもつものがあるときには，子どもとやりとりができるチャンスです。子どもが興味や関心のある物を介して，子どもとやりとりをしていきましょう。

③　一定のやり方がある活動や遊びをしているとき

　活動や遊びをする時，その度にやり方が変ると，子どもはいつどこで何をしたらよいかがわからず，やがて活動や遊びへの関心を失くしてしまいます。しかし，一定のやり方がある活動や遊びなら，子どもは自分がやるべきことがわかり活動に参加してくるでしょう。ここに子どもとやりとりする機会が生じてきます。

④　交替して行う活動や遊びをしているとき

　親が子どもに対して一方的にふるまう活動や遊びでは，子どもが応答したり，自発的に
何かをする機会は生じません。親が何かをした後に子どもが応答しないと成立しない活動
や遊びをしてみましょう。ここに，親子のやりとりができる大きなチャンスがあります。
そして，何よりも，交替して行う活動や遊びでは，親が何かした後に，自分が何をすれば
いいかわかりやすく，子どもはやがて自分がとるべき行動をするようになるでしょう。

⑤　絵本を見ているとき

　リクエスト段階の子どもは，自分一人で絵本を見ていることがありますが，内容に関心
を示すよりも本をめくること自体が楽しいことが多いです。そのため，親が絵本を読んで
あげようと思っても，それを聞いていないばかりか，親を押しのけたり，どこかに行って
しまったりします。しかし，この段階になると，絵本の内容に興味をもつようになるので，
親子で絵本を介してやりとりをするチャンスです。親は，子どもが注目するように絵を指
さしたり，内容を子どもに語りかけると，子どもはそれに注目します。そして，子どもが
自分で指さしたら，親はそれを説明してあげます。

3）親が子どもとやりとりするためのキーポイント

　早期コミュニケーション段階の子どもは，共同注意をもとにしたやりとりができるようになります。親からみるとリクエスト段階のときよりも，子どもの意図や気持ちがわかるようになり，やりとりに手ごたえを感じる時期でもあります。しかし，まだいつでもどこでも誰とでもやりとりができるわけではありませんので，親はやりとりをするためのキーポイントをおさえて子どもに関わっていきます。

① 子どもを身体的援助で導く

　この段階では，言葉による指示がわかったり，身ぶりや行動から指示を理解するようになります。そのため，芽ばえ段階やリクエスト段階よりも，子どもの身体に触れて援助することは少なくなります。

② 子どもに身体的モデルを示す

　この段階では，芽ばえ段階やリクエスト段階よりも身体的モデルの役割は低くなります。しかし，新しい行動や動作を習得するときや状況に合わせた行動をするときには，身体的モデルを示すと子どもは理解しやすくなるので，身体的モデルを意図的に使っていきます。特に，人との関わりの状況において求められる動作については，子どもが自分一人で習得することは難しいものです。たとえば，子どもがバイバイをしないなら，親が意図的に身体モデルを示すことによって，子どもはできるようにしていきます。

③ 子どもに言語的モデルを示す

■ 子どもの代弁をする

　　・子どもが身ぶりなどで何かを伝えるとき，親はそれを言葉で表現してあげます。この言語モデルを子どもは覚えていて，将来使うようになります。

　　・そして，ある状況で何を言うかがわかれば，別の状況に遭遇してもそれを応用することができるようになるでしょう。

　　・最終的には，子どもが言語モデルに頼らず，自分自身で考えて言えるようになることを目指します。言語モデルを与えるとき，重要な言葉を最後に言うと効果的です。子どもは最後に聞いた言葉を思い出したり，繰り返す傾向があるからです。

　初めの頃は，お父さんが「猫がいる」と言ったことをとおる君は機械的に繰り返していました。それから少したったある日のこと，散歩をしているときに猫がいたので，とおる君は「猫がいる」と自分から言いました。お父さんはこれを聞いて，とおる君が言葉を理解するようになったことがわかりました。

■　言葉を一つから二つ，三つと増やしていく

　子どもが好きな食べ物や玩具の言葉を一語話すだけで，短いフレーズや文章を作れないとき，親は「子どもが言うべき」モデルを示し，子どもが短いフレーズなどを言えるように援助します。下の表に例を示します。

子どもが言うと　→	親がそれに付け足して言う
「赤ちゃん」 →	「赤ちゃんの目」（目を指さしながら）
「ボール」 →	「大きなボール」
「大きなボール」 →	「大きなボール，ちょうだい」
「犬，ウー」 →	「犬がウー，ウーって言ってる」

■ 子どもの視点に立って言う

　子どもが親の言った言葉を真似して言えるようになったら，子どもの視点に立った言葉，すなわち子どもが言うべき言葉のモデルを与えます。モデルを与えるときには，子どもの注意を引きつけるために，ゆっくり，強調して言うことを忘れずに。

　お父さんが「水が飲みたいですか？」と聞くと，「水が飲みたいですか？」とオウム返しで答えます。

　その後もその言い方を覚えていて，水を要求するときにも「水が飲みたいですか？」と言います。

　そこで，お父さんは，子どもが言うべき言葉である「水が飲みたい」と言いました。子どもはそれをオウム返しで「水が飲みたい」と言いました。子どもは，ようやく自分の視点に立った言葉を言うことができました。

■　部分モデル

　この段階の子どもは言葉が話せるようになっていますが，話せる言葉の数は限られています。親が言葉やフレーズの最初の部分を言って，残りの部分を子どもに言わせることによって，子どもが話せる言葉の数を増やしていきます。

チョコ

チョ…

　　　　　　　　　　　　　　　　　お父さんは，言葉の最初の部分を言ってから，
　　　　　　　　　　　　　　　　　子どもが穴うめをするのを待っています。

④　質問に応える

■　選択肢を選ぶ

　リクエスト段階では，2つの選択肢を与えられると欲しい方を手でとることによって応答していましたが，この段階では，選択肢の数を増やしたり，選択が難しい物を呈示するなど，難しいやり方でも応えていけるようになります。さらに，応える手段として，指さしを使うようになるのが，この段階の特徴です。

■　「はい／いいえ」で答える

　「はい」あるいは「いいえ」で答える質問に対して，身ぶり（首をふる，手をふるなど）や言葉で答えることができます。

■　「何ですか？」や「誰ですか？」に答える

　「これは何ですか？」という質問に対して，自分が知っている物でありかつその言葉を知っている場合には，単語で答えることができます。「これは誰ですか？」の質問には，どの子どもも答えられるわけではありませんが，なかには答えられる子どもがいます。

⑤　視覚的手がかりを与えてコメントを言わせる

　この段階の子どもは，状況にあったコメントを言うことができますが，いつでもどこでも言うわけではありません。驚いたとき，嬉しいとき，困ったときなど，気持ちが大きく動かされた状況でコメントがでてきます。しかし，この時，状況が理解できていることが前提となります。しかし，この段階では，言葉による説明や質問に対して，自分のコメントを言うことは難しいので，視覚的手がかりを与えて，子どもに状況がわかるようにします。

⑥　子どもがやりとりする状況を設定する

　この段階の子どもは，きっかけや機会がなければやりとりを自発的にかつ積極的にすることはあまりありません。そこで，この段階でもまだ親子でやりとりができるように状況を設定することが必要です。子どもが欲しいものを見えるけれども届かない所に置いたり，子どもが欲しいものを最初にすべて与えないで少しずつあげて，たくさんの要求の機会を設けたり，子どもにコメントを言わせるためにわざと見当はずれのことをしていきます。

おちた！

　お母さんは，けいた君が見ているのを確かめてから，わざとスプーンを落しました。すると，けいた君は，「おちた！」と言いました。

４．コミュニケーション段階

　コミュニケーション段階の子どもは，芽ばえ段階やリクエスト段階のように，親が思い込みをもって子どもの行動や気持ちに合わせていかなくても，親とやりとりができるようになっています。この段階では，親が子どもに合わせることを減らして，子どもが自分からやりとりを始めていく力を育てていきます。

　また，この段階の子どもは友達に関心を示し，友だちと一緒に遊ぶことが楽しくなります。これまでの段階では，子どもは親との関わりの中で，社会的コミュニケーションを育んできましたが，こらからは親の出番は少しずつ少なくなり，友だちとの関わりが多くなっていきます。しかし，そうかと言って，この段階の子どもの不得意な点については，まだ自分一人では対応できませんから，親の適切な援助が必要です。

１）子どもがやりとりをする方法

　コミュニケーション段階では，子どもは以下の方法でやりとりができるようになります。

- ・相手にコメントし，質問をする
- ・「何？」「誰？」「どこ？」「いつ？」「なぜ？」の質問に答える。
- ・自分から会話を始める
- ・相手が言ったことに続いて，それと同じ話題について話す
- ・いつも同じことを一方的に話すのではなく，相手に合わせて他の話題に切り替える

２）子どもが容易にやりとりを学べる機会

　コミュニケーション段階の子どもは，やりとりができるようになっていますが，それが適切にできる場面や相手は限られているので，親は子どもがやりとりを学べる機会を積極的に設けていって，子どものやりとりの力をしっかりと育んでいきます。

① 日常生活のルーティンをしているとき

　この段階の子どもは，日常生活において一定のやり方と手順でおこなっている簡単なルーティン（歯磨きをする，お風呂に入るなど）を覚えていて，ルーティンに沿って行動することができます。この時が親子でやりとりをするチャンスです。子ども一人でやらせずに，ルーティンにおいて親が取るべき行動と言葉かけをして子どもとやりとりしていきます。また，ルーティンの中で子どもができたことをすぐにほめていきましょう。ほめることを後回しにせずに，その場ですぐにほめるのがコツです。

② 親やきょうだいと一緒に活動しているとき

　日常ルーティンの一つでもありますが，親子で一緒に簡単なおやつを作ったり，工作をしたり，絵を描いたりするときは，まさにやりとりがたくさんできる機会です。積極的に親子で一緒に活動できることをやっていきましょう。

③　ルールのある遊びをしているとき

　この段階になると，簡単なルールがある遊び（かくれんぼ，おしくらまんじゅうなど）ができるようになります。これは，子どもがルールすなわち決まった遊び方を理解するようになったことを表わしています。このような遊びには豊富なやりとりの機会が含まれていますので，積極的に遊ぶ機会を設けていくとよいでしょう。ただし，いきなり友だちとルールのある遊びをすることは難しいです。まずは，親やきょうだいと遊んで，遊び方がわかってから，友だちと遊べるようにしていくといいでしょう。

④　ふり遊びをしているとき

　この段階の子どもは，ふり遊びができるようになります。玩具の茶碗でご飯を食べるふりをするだけの単純なふり遊びから始まり，やがて役割がきまったおままごとができるようになります。たとえば，お母さんのふりをしてケーキを作るふりをするなどのおままごとでは，相手にケーキを「どうぞ」と勧めたり，「おいしいですか」と声をかけたりと，おままごとの遊びにはやりとりの機会は豊富に含まれています。

⑤　絵本を見ているとき

　　早期コミュニケーション段階でも，親子で絵本を見ることができていましたが，そこで
は，絵を中心に楽しむ状態でした。この段階の子どもは，簡単な内容なら，絵本のストー
リーがわかるようになっていますので，親子で絵本のストーリーについての会話をするこ
とができます。親が子どもに絵本を読み聞かせするときは，親子で言葉のやりとりすなわ
ち会話をするチャンスになります。

3）親が子どもとやりとりするためのキーポイント

　　この段階の子どもの多くが言葉を話せるようになっています。そのため，これ以前の段
階のような非言語的な手段を使ってやりとりすることは少なくなってきます。この段階で
は，言葉をやりとりして会話ができることが目標です。言葉による会話ができるように
なっても，どのくらい長く会話を続けることができるかをみてください。ちょっとしか会
話を続けられないならば，長く続けられるように親が援助することが必要です。また，会
話をしていると思っても，よく聞いてみると，会話が噛み合っていないことがよくありま
すので，親は会話が成り立つように教えていく必要があります。

① 子どもを身体的援助で導く

　　この段階になったら，身辺自立の動作を身体的援助で教えることはほとんどしません。
しかし，まだ自分から始めることができない社会的行動については，言葉で指示するだけ
でなく，身体的援助をして，子どもがどのように振る舞えばいいかをわからせます。たと
えば，友だちと一緒に遊ぶように，友だちが遊んでいるところまで連れていき，友だちに
近づくように背中を押してあげます。

ボールで遊ぼう

② 子どもに身体的モデルを示す

　この段階の子どもには，身体的モデルを示すより，言語的モデルを示すことが主になってきます。しかし，難しい行動や動作，また新しく習得する行動や動作の場合には，身体的モデルを示すと，子どもは大変わかりやすくなります。

③ 子どもに言語的モデルを示す

■ 子どもの代弁をする

　この段階の子どもは，すでに自分で文章を作り始めているので，「代弁する」方略をほとんど使う必要はありません。しかし，間違った使い方をしているときには，親が正しいフレーズや文章のモデルを示します。

■ やさしいモデルを示す

　この段階の子どもは，家庭で話す日常会話は理解できるようになっています。しかし，他の場面で他の人に話しかけられると理解できないことがあります。そのときには，子どもがわかるように，親が，やさしい言葉に置き換えて話すとよいです。

■ 代名詞のモデルを示す

　親が示す言語モデルを子どもがそのまま真似していると，子どもはどのように代名詞を使ったらよいかがわかりません。家族の会話の中で，家族が「私」や「あなた」を使うのを聞くことは，子どもにとってとても良い言語モデルとなります。

　おやつのとき，お母さんとお父さんは，子どもたちに代名詞の使い方のモデルを示しています。

④　会話が続くように介入する

　この段階の子どもには，子どもとの関係を築くための介入は必要ありません。その代わり，子どもの会話が続けられるような介入をします。もし，コミュニケーション段階の子どもが何度も何度も同じ質問をしてきたら，あるいは自分の好きな話題だけ延々と話し続けたら，子どもに従うことは最善の方法ではありません。従うだけでは，子どもはどのように会話を続けたらよいかわからないでしょう。

もう一つ駅を教えて。それから学校について話そう。

中野駅，新宿駅，四谷駅。それから，御茶ノ水駅。それから…

　しゅん君は，駅を順番に言うのが好きです。時々，お父さんは，駅以外のことを話してもらいたいと思っています。そこで，お父さんは，新しい会話の話題を取り入れることによって，話題を変えさせました。

⑤　質問に応える

　この段階の子どもは，「はい／いいえ」で答える質問には応じられるが，「何？」「誰？」「どこ？」「いつ？」「なぜ？」のように具体的に答えなければならない質問に答えるのはまだ難しいことがあります。そのときは，答えを言語的モデルで示していきます。

何がほしいですか？

ほしいのは，り…

りんご

⑥　視覚的手がかりを与えて答えやコメントを言わせる

　この段階の子どもは，親が言葉だけで指示したり，質問すると，理解できないことがあります。そのようなときには，絵やカードや写真などの視覚的手がかりを与えて答えやコメントを言えるようにします。

　あきら君が幼稚園から帰ってきました。お母さんが，「だれと遊びましたか？」と聞いても答えません。そこで，お母さんは，友だちが描かれた絵を見せて，もう一度「だれと遊びましたか？」と聞きました。すると，友だちの絵を指さして「ひろしくん」と答えました。

　お母さんが箱をあけると鉛筆が入っていたので，とおる君はびっくりして「ちがう」と言いました。お母さんは，とおる君が箱の中身をしっかりと想像できていることを知りました。

グループワーク（第6回）

1）これまで家庭で行った「子どもとの関わり方」や「子どもとのやりとりの工夫」について，子どもの社会的コミュニケーション段階に合っていたでしょうか。
　　ここでは，もう一度，あなたの子どもの社会的コミュニケーションに合わせた「子どもとの関わり方」や「子どもとのやりとりの工夫」を考えます。

・子どもとの関わり方

・子どもとのやりとりの工夫

2）1）で考えた「子どもとの関わり方」や「子どもとのやりとりの工夫」ついて，みんなで話し合います。

ふりかえり（第6回）

今日，感じたこと，思ったこと，わかったこと，気が付いたことなどを書いておきましょう。

ホームワーク

1）で書いた「子どもとの関わり方」や「子どもとのやりとりの工夫」を家庭でやってみましょう。そして，その様子を 資料11 に記入します。

「子どもとの関わり方とやりとりの工夫」記録表

　　自分の子どもの社会的コミュニケーションに合わせた関わり方ややりとりの方法をみつけましょう。家庭で実施した関わり方とやりとりの方法，そしてその時の子どもの様子を具体的に書きます。

1.　　　月　　　日（　　）

関わり方とやりとりについての具体的な方法：

子どもの様子：

上手くできたところあるいは子どもに合っていたところ：

上手くできなかったところあるいは子どもに合わなかったところ：

2.　　　月　　　日（　　）

関わり方とやりとりについての具体的な方法：

子どもの様子：

上手くできたところあるいは子どもに合っていたところ：

上手くできなかったところあるいは子どもに合わなかったところ：

第15章　親子ふれあい遊び（1）ふれあい方略

1．遊びの発達

➢ 子どもは年齢にかかわらず遊ぶことが大好きです。しかし，赤ちゃんの遊びと小学生の遊びが違うことから分かるように，子どもの成長にしたがって，ひとり遊びから集団遊びへと，そして単純な遊びから複雑で高度な遊びへと，遊び方も変化していきます。

➢ 子どもは，自分にぴったりあった遊びやそれよりもちょっと難しい遊びをしている時に楽しいと感じます。親は，子どもに合わせた遊びをすることを心掛けましょう。

➢ 親が子どもと遊ぶとき，子どもが現在遊んでいる遊びを一緒に楽しみながら，時折，その遊びよりも少しだけ難しい遊びを交えて様子を見ることがポイントです。子どもがそれを嫌がるようならまだ早いですが，少しでも関心をもったら，少しずつやってみます。

➢ その時注意することは，急に難しい遊びを提案しないことです。子どもは急に難しい遊びをすることはできません。それを強要されれば，遊ぶのが嫌になるかもしれません。あくまでスモールステップでやっていきます。

➢ 第3章に『人との遊び』と『物やふりを使った遊び』の2つの観点から，遊びの発達について書かれています。また，表Ⅰ－1には，概ね子どもの発達に伴ってできる遊びが書かれています。現在，子どもができる遊び方はどれでしょうか。考えてみて下さい。

2．親子ふれあい遊びとは

➢ 遊びには子どもの発達に必要な要素がたくさん含まれています。子どもは，遊びを通して様々なことを学んでいきます。

➢ 特に，幼児にとって，遊びは最も重要な学びの機会です。

➤　しかし，子どもがひとり遊びばかりしていては，学びの機会が半減します。ひとり遊びが多い子どもには「人と関わる遊び」をさせていきましょう。

➤　「人と関わる遊び」の「人」とは誰でもいいのでしょうか。親は，友だちと遊ばせたいと思っているかもしれませんが，友だちと遊ぶことを急ぐ必要はありません。幼い子どもにとって，親が最高の遊び相手です。

➤　「人と関わる遊び」が苦手な子どもには，親がいろいろな工夫をして上手く遊べるように援助してくれます。しかし，幼い友だちはそのような援助をしてくれません。友だちと遊ぶのは，人と関わる遊び方が分かってからで十分です。子どもが友だちと遊ぶ機会は，これからの成長過程でいくらでもあります。まず親との遊びで土台作りをしましょう。

➤　つまり，親と関わる遊びをたくさんすることによって，友だちと遊ぶことができるようになると言えます。そこで提案するのが，親子ふれあい遊びです。

➤　親子ふれあい遊びとは，これまで学んできた子どもとの関わり方ややりとりの工夫をもとに，親が子どもと関わりをもち，やりとりしながら遊ぶ親子遊びです。

➤　親子ふれあい遊びをすることによって，子どもは人と関わる遊び方を学ぶことでしょう。しかし，それだけではありません。親子ふれあい遊びをたくさんすることによって，子どもの社会的コミュニケーション発達が促されます。社会的コミュニケーションが十分にできるようになれば，象徴機能，言葉，社会性などの発達へとつながっていきます。

❖　親子ふれあい遊びをすることが大切だということは分かったと思いますが，あなたは，子どもと遊ぶのは得意ですか？

❖　もし，あなたが，子どもと遊ぶことが苦手なら，親子遊びが大切だと言われても困ってしまうかもしれませんね。しかし，あなただけではありません。子どもと遊ぶのは苦手というお母さんやお父さんは結構いるものです。

❖　上手に遊ばせなければとか，この遊びをしなければとか，力が入りすぎていませんか。まず，あなたができるところからやってみましょう。「『一本橋こちょこちょ』の遊びはできないけれど，本の読み聞かせならできるわ。」ということなら，本の読み聞かせをやることから始めましょう。

❖　あるいは，お母さんが遊ぶのが苦手でも，お父さんは得意かもしれません。また，その逆もあると思います。それぞれの得意なことをしてみましょう。

❖　子どもに合った親子遊びをする，あなたができる親子遊びをする，家庭でできる親子遊びをする，これが大事です。ただし，あなたが，子どもと遊ぶことに対して，ちょっとの勇気とチャレンジ精神をもつならば，なお一層素晴らしいです。

❖　あなたの家庭でする親子遊びを見つけていきましょう。

3．親子ふれあい遊びでできること

➤ 親子ふれあい遊びをすると，何ができるようになるのでしょうか。ふれあいペアレントプログラムでターゲットとしてきた「人との相互的関わり」「共同注意」「感情と気持ちの共有」ができるようになるのに，親子ふれあい遊びがとても適しています。

➤ もちろん日常生活における子育ての営みの中でも可能ですが，親子ふれあい遊びでは，以下のようにやりとりが無理なくできるので，ぜひ，親子ふれあい遊びをすることをお勧めします。

親子ふれあい遊びでやりとりが無理なくできる理由

✓ 親がいつも同じやり方や手順で遊ぶと，子どもは次に何をすればいいかがわかる。

✓ 親が，遊びの中で同じ動作，発声，言葉を繰り返すと，子どもは，いつ，どのような応答をすればいいかがわかる。

✓ これらのことから，親子ふれあい遊びにおいて，子どもはやりとりを長く続けることができる。

✓ また，遊びには，子どもの好きな行動や感覚が含まれていており，楽しい，嬉しいなどのポジティブな感情が高まりやすい。そのため，親子で感情を共有しやすい。

4．ふれあい方略

➤ 親子ふれあい遊びでは，子どもを教育しようとかトレーニングしようとか考えずに，まずは親子で遊びを楽しんでください。

> しかし，これまで学んだ子どもとの関わり方ややりとりの工夫を親子遊びに取り入れたいですね。

> そこで親子ふれあい遊びをするときの重要ポイントをふれあい方略としてまとめました。ふれあい方略を使って，親子ふれあい遊びをしてみましょう。

> 親子ふれあい遊びをするときには，ふれあい方略「ふ・れ・あ・い」を忘れずに！

「ふれあい方略」

✓ **ふ**れあって気持ちをあわせ

✓ **れ**んぞくして何度も繰り返し

✓ **あ**なたと子どもがやりとりして

✓ **い**っしょに楽しく遊びましょう

1）ふれあって気持ちをあわせる

親子でふれあい遊びをしている時，子どもが楽しそうに遊んでいるとあなたも楽しくなります。この時，あなたと子どもは，楽しい気持ちを共有することができています。

2）れんぞくして何度も繰り返す

ふれあい遊びをするための動作や言葉が決まっていて，それを何度も繰り返すことによって，子どもは遊びを理解し，自分がすべきこと，言うべきことが分かっていきます。そのため，あなたは「遊びを始める時」「遊びをしている時」「遊びを終える時」に，同じ行動や言葉を繰り返すことが大事です。

3）あなたと子どもがやりとりをする

ふれあい遊びには，子どもと親が相互作用するためのやりとりがたくさん含まれています。親は，相互作用をするための機会を設定し，子どもにやりとりの手がかりを与えていきましょう。

① やりとりの機会を与える
・子どもが応答する機会を与えます。
・子どもができるやりとりを考えます。
・子どもの発達に合わせて，新しい応答の機会を与えます。

② やりとりの手がかりを与える
・子どもがやりとりの方法を知らない時には，意図的に手がかりを与えます。
・子どもが遊びに慣れてきたら，自然な手がかりを与えます。

4）いっしょに楽しく遊ぶ

ふれあい遊びで最も重要なことは，あなたと子どもが一緒に楽しく遊ぶことです。楽し

くなければ子どもに身につかず，長続きしません。これは，あなたにとっても同じです。苦手な遊びをしていても楽しくありません。あなたにとっても楽しい遊びを見つけて，子どもと一緒に遊んでみましょう。

これにより，子どもが一人で遊ぶより，あなたやきょうだいと一緒に遊ぶと楽しいことがわかっていくでしょう。

　お母さんとはるお君が『おふねがぎっちらこ』をして遊んでいます。はるお君が小さい時は，お母さんのひざの上で，お母さんに引っ張ってもらうだけでした。

　しかし，最近は，お母さんが「おふねがぎっちらこ」と言いながらはるお君の手を引っ張ると，その次に，はるお君がお母さんの手を引っ張るようになりました（「あなたとやりとりして」）。そして，「ぎっちらこ　ぎっちらこ」と何度も繰り返して引っ張り合う遊びができました（「連続して何度も繰り返す」）。

　交互に引っ張り合う時，お母さんは，はるお君と気持ちを合わせている感じがしました（「ふれあって気持ちを合わせる」）。

　一緒に遊べてとても楽しかったです（「いっしょに楽しく遊ぶ」）。

　＊（　　　）に書かれているのが，『おふねがぎっちらこ』のふれあい方略です。

コラム8　遊びへの関心と誘い方

　子どもに遊びへの関心を向けさせるための誘い方について, ボール遊びを例に見ていきましょう。

➤　ボール遊びを誘っても全く反応がない場合は, まだボール遊びに関心がありません。もう少したってから誘ってみましょう。

➤　ボールを持ってお母さんをじっと見ています。それに気がついたお母さんは, 子どもに向かい合いました。見ることでボール遊びがしたいことを訴えていると思ったお母さんは, 親子でボール遊びをしました。

➤　子どもがボールを持ってきました。子どもがボール遊びをしたいことが分かったので, お父さんは, 子どもができるやり方を工夫して, やさしい遊び方から始めました。そして, だんだん難しいやり方に挑戦していき, 最後には, ボールを投げて合って, 何回もボールのやりとりができるようにしました。

グループワーク（第7回）

本章では，以下の4つの「ふれあい方略」を学びました。
　・ふれあって気持ちをあわせ
　・れんぞくして何度も繰り返し
　・あなたと子どもがやりとり
　・いっしょに楽しく遊びましょう

1）お家では，どのような親子遊びをしていますか。

2）親子遊びの中で，すでにしている「ふれあい方略」はありますか。

3）親子遊びの中で，これからできそうな「ふれあい方略」はありますか。

4）家庭でできそうな親子ふれあい遊びを具体的に考えてみましょう。

5）4）で考えた親子ふれあい遊びについて，みんなで話し合います。

ふりかえり（第7回）

今日感じたこと，わかったこと，アドバイスをもらったことなどを書いておきましょう。

ホームワーク

4）で考えた親子ふれあい遊びを家庭で使ってやってみましょう。また，その時に「ふれあい方略」を使っているかどうかをチェックします。それらを 資料12 に記入します。

「親子ふれあい遊び」記録表（1）

＊親子ふれあい遊びをした時にふれあい方略ができたら（　　）の中に〇をつけます。

どんな遊び	親子ふれあい遊びの様子
月　　日（　　）	
（　　）**ふ**れあって気持ちをあわせ （　　）**れ**んぞくして何度も繰り返し	（　　）**あ**なたと子どもがやりとりして （　　）**い**っしょに楽しく遊びましょう
月　　日（　　）	
（　　）**ふ**れあって気持ちをあわせ （　　）**れ**んぞくして何度も繰り返し	（　　）**あ**なたと子どもがやりとりして （　　）**い**っしょに楽しく遊びましょう
月　　日（　　）	
（　　）**ふ**れあって気持ちをあわせ （　　）**れ**んぞくして何度も繰り返し	（　　）**あ**なたと子どもがやりとりして （　　）**い**っしょに楽しく遊びましょう

第16章　親子ふれあい遊び（２）
段階別のふれあい方略

➤ 子どもの社会的コミュニケーション段階によって，親子ふれあい遊びのやり方が違います。また，ふれあい方略のどこに重点をおくかも子どもの段階によって変わってきます。

➤ 芽ばえ段階の子どもは，ひとり遊びをしていることが多いので，遊びを誘いかけることに重点が置かれます。一方的に親に要求すること多いリクエスト段階の子どもには，親とやりとりが少しでもできるように働きかけます。親とやりとりができるようになった早期コミュニケーション段階の子どもには，親子で同じ遊びに関心を向けて，気持ちを合わせながらやりとりすることを目指します。そして，コミュニケーション段階の子どもは，遊びの中で言葉をやりとりすることを大事にします。

❖ ふれあい方略を用いて親子で遊んでみましたか。少し親子で遊ぶ手ごたえを感じることができたでしょうか。

❖ ここでは，社会的コミュニケーション段階ごとに親子ふれあい遊びをみていきます。段階が進むにつれて，遊びが難しくなってきますので，これをみれば，あなたが次にやるべき遊びの目標がわかると思います。

❖ 遊びは，繰り返しやることがポイントでした。しかし，ある程度続けることができたら，少し難しい遊びにも挑戦してみてください。少しでも子どもが関心を示すようなら，これまでできた遊びの合間に時々やってみましょう。子どもが関心を示さないようなら，これまでの遊びを続けます。

❖ ここに書かれている親子ふれあい遊びは，これまで遊んだことのある遊びやよく知っている遊びばかりかもしれません。

❖ あなたがもう分かっているように，お馴染の遊びであっても，ふれあい方略をとりながら遊ぶことこそ，親子ふれあい遊びなのです。

➤ それでは，以下に，社会的コミュニケーション段階に合わせた親子ふれあい遊びを述べていきます。

1. 芽ばえ段階

　芽ばえ段階の子どもは，ひとり遊びをしていることが多いですが，人と関わって遊ぶことが嫌いなわけでなく，人とどのように遊べばよいかが分からないだけです。どちらにしても，子どもは自分の興味のある物や事にだけ注意を向けて遊んでいるので，親が遊ぼうと働きかけてもなかなか応じてくれません。親と遊ぶよりひとり遊びが好きなら仕方がないと，親はあきらめてしまいがちです。実際，子どもがひとり遊びをしている方が手間がかからないので，誰でもそう思うかもしれません。しかし，このままひとり遊びを続けると，人とのかかわりの経験が積みあがりません。

　人と一緒に遊ぶことを知らない芽ばえ段階の子どもには，人との遊びが面白いことに少しでも気づかせていきましょう。そのために，親ができることを次にあげます。

1）ふれあって気持ちを合わせる

① 親から子どもの興味や関心にあわせる

　親が遊びを働きかけても子どもが応じない場合，子どもの興味や関心に合わせて遊ぶことから始めます。子どもがひとり遊びをしている様子をよく見て，その遊びの世界に親も参加していきます。そして，その子どもの遊びの世界の中で，親が一緒に遊べることを探します。

　お母さんは，太郎君とボールで遊ぼうとしましたが，太郎君は，うちわで遊んでいて，ボールに見向きもしません。そこで，お母さんは，太郎君が興味をもっているうちわで一緒に遊ぶことにしました。

② 親から子どもの感情や気持ちに合わせる

　芽ばえ段階の子どもと感情や気持ちを通い合わせることは難しいです。遊んでいる時に，親の方から子どもに「楽しいね」「ワクワクするね」という感情や気持ちを向けていきます。その時，あたかも子どもが同じ感情や気持ちをもっているかごとく思い込んでやってみましょう。

　つばさ君は，家の中をハイハイで動き回っています。お母さんは，いつもは一人でやらせてお
くのですが，今日は，つばさ君の横で一緒にハイハイをしてみました。すると，つばさ君がハイ
ハイする気持ちが少し分かるような気がしました。お母さんは，つばさ君も同じ気持ちを感じて
いると思い込んで「ハイハイ楽しいね」と声をかけました。

　その後のある日，お母さんを意識するようになったつばさ君は，一緒にハイハイしていたお母
さんの背中に乗ってきました。お母さんは，これを『お馬さんパカパカ』の遊びに変えて，楽し
みました。お母さんは，つばさ君と楽しいという気持ちが少し共有できたように感じました。

③　子どもとアイコンタクトをとり感情を共有する

　芽ばえ段階の子どもとアイコンタクトをとることは難しいです。しかし，アイコンタク
トがとれると感情や気持ちが通じやすいので，アイコンタクトがとれる工夫をしていきま
す。ただし，目をみるようにと強制することはやめましょう。無理に強いることによって，
子どもがますますアイコンタクトを嫌がるようになります。

コラム9　アイコンタクトがとれる遊び

　日常生活においてアイコンタクトがとれない子どもでも，遊んでいる時に一瞬目が合うことがあります。そして，遊びの中で楽しい感情が高まっている時に親と目が合うと，親と楽しい感情を共有することが可能になります。

　このようなアイコンタクトがとれる遊びを，以下，いくつか紹介します。

1.　子どもが，トンネルをくぐっている時に出口で待っていたり，すべり台ですべっている時に下で待っています。そして，子どもの名前を呼んだり，「こっちだよ！」と声をかけると，目が合いやすいです。その際，親は応援するような気持ちで，子どもが出てくるのをニコニコと嬉しそうに待っているのがコツです。

2.　ジャンプや身体を上下に動かすことが好きな子どもが多いです。トランポリンやバランスボールは一人では遊べないので，いつもは向かい合わない子どもでも，親が手を持っても嫌がらずに遊ぶことができます。そして，親子で向かい合っているので目が合いやすいです。子どもの楽しい感情が高まっている時に目が合うと，親は楽しい感情が共有できたように感じます。

3．いつも動き回っている子どもも，ボールプールに入ると，動かずに座ったまま，ボールの感触を味わっていることがあります。そのような時に，親もボールプールに入って，向かい合うと，目が合うことがあります。ボールの気持ちいい触覚とボールによる身体の拘束によって，人と向かい合い，目が合いやすくなるようです。

2）れんぞくして何度も繰り返し

① 繰り返しやってみる

　親からの遊びの働きかけに対して，子どもが行動的にも感情的にも応じるようになるには時間がかかります。同じ遊び，同じ働きかけを繰り返してやってみることが効果的です。

② ルーティンを繰り返す

　芽ばえ段階の子どもは，まだ遊びのルーティンを理解することは難しいです。しかし，親は，いつも同じ手順で，同じ声かけで遊びを進めていきます。これを繰り返すことによって，子どもはいずれ，どこでどのように動き，声をかけたらよいかを学ぶようになります。

　お父さんが『たかいたかい』をする時は，「たかいたかい」と言ってから，子どもの脇に手を入れて，持ち上げます。そして，一番上に持ち上げたら，できた喜びを表わしながら「たかいたかい」と言います。この遊びのルーティンを何度も繰り返しているうちに，お父さんが「たかいたかい」と言うと，子どもはお父さんがしてくれるのを待っているようになりました。

3）あなたと子どもがやりとりして

① 子どもに応答する手がかりを与える

　芽ばえ段階の子どもはまだやりとりができません。そこで，まずは，子どもが，親からの働きかけに応答することを目指します。子どもが応答できるために，親は様々な手がかりを与えます。身体的援助，手本を示すなど，子どもの状況に適した手がかりを工夫してみましょう。

　お母さんは「しあわせなら手をたたこう♬」と歌いましたが，子どもは手をたたきません。そこで，お母さんは，子どもの手を持ってたたかせました。

② 子どもに応答する機会を与える

　芽ばえ段階の子どもには，自分から人と関わりを求めたり，人の働きかけに応答することがほとんどありません。そこで，親の方から子どもが人と関わる機会を設けていくことが必要です。

　おさむ君は，積み木で遊んでいます。一度にたくさんの積み木を与えると一人で遊んでしまうので，お父さんは，わざと積み木を少しだけ与えました。そして，おさむ君がもっと欲しいという素振りを示した時に，お父さんが積み木を渡すと，おさむ君はそれを手にとりました。
　ある時，お父さんは，積み木の代わりにミニカーを渡してみようと思いつきました。おさむ君に積み木を渡した後に，ミニカーを渡しました。すると，おさむ君は手を突き出して，ミニカーを拒否しました。お父さんは，おさむ君が応答したことを嬉しく思いました。

　てつお君は，いつも走り回っています。お父さんは一緒に遊ぼうと思っても，てつお君はそれに応じません。そこで，お父さんは，てつお君が走っている前に立って，とおせんぼうをしました。すると，てつお君は，とおせんぼうをしているお父さんを手で押しました。お父さんはちょっとふざけた感じで，「あっ，痛たた！」と言ってどきました。お父さんは，てつお君が応答したことが嬉しくて，その後も，てつお君が走っている時にとおせんぼうをして遊びました。

③　子どものちょっとした応答にも敏感に応じる

　今まで述べてきたことをやっていると，子どもがちょっとしたサインを出すかもしれません。親をチラッと見る，ちょっと身体を動かす，発声するなどです。しかし，それらは，よく見たりよく聞かないと見過ごしてしまうような微弱なサインだと思います。親は微弱なサインを敏感にキャッチし，すぐに子どもに返していきます。子どもは自分が発したサインに親がすぐに応えてくれる経験を通して，働きかけに対する応答性を確かなものにしていきます。

　あるいは，そのサインは，子どもが意図的にした応答ではなかったかもしれません。しかし，親は，これをチャンスと捉えて，子どもがあたかも応答したごとく思い込んで，子どもに返していくと良いでしょう。この経験が，子どもの応答性を育んでいきます。

揺らして
ほしいのね。

　　　　　　　　　　　　　　お母さんが，子どもを膝の上にのせると，子どもはわずかに身体を上下に動かしました。お母さんは，それを揺らしてほしいというサインであると捉え，すぐさま「揺らしてほしいのね」と言って，揺らしてあげました。

④　子どもとアイコンタクトができる

　芽ばえ段階の子どもは，人と目を合わせることが苦手です。しかし，できないわけではないので，アイコンタクトがとれる機会を遊びの中で設けていきます。ただし，目を合わせることを強制しないようにします。遊びの中で自然に目が合うことを大切にします。

　けい君とはあまり目があいません。そこで，けい君がトンネルで遊んでいる時に，お母さんは，トンネルの出口で待っていて，「けい君!!」と声をかけました。すると，けい君と目が合いました。お母さんはニコニコしながら「けい君，（トンネルできて）すごいね」と言いました。

4）いっしょに楽しく遊びましょう

①　子どもと一緒に遊ぶことが大切

　芽ばえ段階の子どもは，人と一緒に遊ぶのが苦手です。だからこそ，親はいろいろ工夫して，子どもと一緒に遊べることを目指します。少しでも一緒に遊べたらいいですね。

　いつもひとり遊びをしているひろし君は，持ち上げられたり，抱っこされるのも嫌がります。しかし，シーツのブランコ遊びは大好きです。揺らすとニコニコしています。

　太郎君は，おもちゃで遊ぶことより，紐で遊ぶほうが好きです。いつも紐を触って遊んでいます。ある時，お母さんは，太郎君が持っている紐の先を持って引っ張ってみました。すると，太郎君は引っ張り返しました。お母さんは，紐でなら太郎君と一緒に遊べることが分かりました。

2．リクエスト段階

　リクエスト段階の子どもは，親を見たり，身体を動かしたり，手を引っ張ったりして，親に遊ぶことを要求することができます。しかし，親がそれに応じても，すぐに注意をそらしたり，飽きたりするので，親子のやりとりは長く続きません。

　人と関わって遊び始めたリクエスト段階の子どもに対しては，親子でより長い時間遊べること，遊びの中で親子のやりとりが一定してできることを目指します。そのために，親ができることを次にあげます。

1）ふれあって気持ちを合わせ

① 親から気持ちを合わせる

　リクエスト段階の子どもとしっかりと心が通い合うという実感はもちにくいかもしれません。しかし，親子で同じ感情や気持ちを共有していると感じることがあると思います。この感情や気持ちの共有を大事にしていきましょう。親子が同じレベルで感情を表出して交流することは難しいので，親の方から子どもに「楽しいね」「面白いね」と感情を豊かに向けていきます。また，子どもが感情を表している時に，親はその感情に共感して，その感情をますます高めるように働きかけると，子どもはより豊かな感情をもつことを経験します。

　お母さんは，まいちゃんに『イナイイナイバー』をよくしてあげます。お母さんが「バー」と言いながら顔を出すと，まいちゃんは微笑みます。お母さんは，その笑顔を見るとまいちゃんも同じように楽しんでいると感じます。そして，お母さんは一層楽しい感情をまいちゃんに向けています。

　のり代ちゃんは，いつも一人でジャンプをしています。今日，お母さんは，のり代ちゃんの手を持って，楽しそうに「ピョンピョン　ピョ〜ン」と言いながら，ジャンプをさせました。すると，のり代ちゃんは嬉しそうにニコッとしました。お母さんは，のり代ちゃんと楽しい気持ちが共有されたと感じました。

2）れんぞくして何度も繰り返し

① 同じ遊びを繰り返す

　子どもは，一度やった遊びを何度も繰り返し行います。繰り返し行うことは，子どもにとって楽しいことでもあり，遊びがしっかりと子どもに定着することでもあります。

　ただし，同じ遊びを繰り返し行うことによって，遊びが定着してきたら，少し遊び方を変えてみましょう

② ルーティンを繰り返す

　リクエスト段階の子どもは，簡単なルーティンならわかるようになってきます。そこで，親は，簡単なルーティンを設定して，いつも同じ手順で，同じ声かけで遊びを進めていきます。これを繰り返すことによって，子どもは，どこでどのように動くとよいかを学ぶようになります。

　子どもが『一本橋こちょこちょ』を好きなら，繰り返しやってあげましょう。

　お母さんは，『一本橋こちょこちょ』のルーティンを，「一本ばーし　こーちょこちょ♪」と歌いながら子どもの手の平をくすぐる→「たたいて♪　つーねって♪」で手の平をたたく→「階段のぼって〜〜♪」で，子どもの腕を指で登っていく→「こちょこちょこちょ〜♪」で脇の下をくすぐる，にしました。お母さんは，このルーティンで繰り返し遊びました。すると，子どもは，お母さんが，「一本ばーし」と歌い始めると，手の平をお母さんの前に出すようになりました。

３）あなたと子どもがやりとりして

① いろいろな手段で要求できるようにする

　リクエスト段階の子どもは，遊びをやってほしいと，表情，身ぶり，発声などで要求し始めます。それに親が応じると，親子で１回のやりとりが成立したことになります。しかし，要求したり要求しなかったりと，いつも一定して要求行動がとれるわけではありません。そこで，いつも一定して要求できることが目標です。

　また，この遊びのこの時だけあるいはこの手段だけで要求するというように，要求のタイミングや手段は限られています。そこで，いろいろな方法で要求できるようになることを目指します。

　そのためには，親がいろいろな工夫をします。

■ いつも一定して要求できるようにする

　子どもが要求した時には，それをしっかりと受け止めて応じることが必要です。子どもの要求を見逃すと，気持ちがそがれて要求しなくなるかもしれません。また，要求しない時には，手がかりを与えて要求するように促していきます。

■ 要求する機会を増やす

　いつもしている遊びの時に，子どもが要求する機会を作っていきましょう。また，遊びのやり方をちょっと変えると，子どもは新しい要求の機会をもてるかもしれません。

■ 要求する手段を増やす

　いつもしている遊びでは，要求する手段が決まっていることがあります。しかし，他の手段で要求ができるように援助していきます。

■ 要求する活動や相手を増やす

　家庭で親といつもの遊びをしている時には要求しますが，他の場所，他の人，他の活動でも，同じように要求行動をとることは難しいものです。家庭での要求行動が安定してとれるようになったら，新しい状況でも要求できるように援助していきます。

　また，やりとりが１回成立しても，その後やりとりが長く続きません。２回，３回とやりとりが続くようになることが目標です。

187

　お父さんは，こうじ君が『たかいたかい』をしてもらうのが好きなことを知っています。そのため，いつもお父さんは『たかいたかい』を何度もしてあげます。ある時，お父さんは，自分から『たかいたかい』をするのではなく，ちょっと待ってみることにしました。すると，こうじ君は手を上げて，お父さんに『たかいたかい』をすることを要求しました。

　お父さんは，かずお君がシャボン玉が好きだけれど，自分で吹くことができないことを知っています。そこで，庭で遊んでいる時に，シャボン玉の容器を置いておきました。すると，その容器を見つけたかずお君は，シャボン玉を吹くように要求しました。

② 同じ物を見ることができる

　　ミニカーで遊ぶ時，お母さんは「くるまで遊ぼう！」とみどりちゃんに言った後，ミニ
カーを見ました。みどりちゃんも，お母さんが見たミニカーを見ました。それから，親子一
緒にミニカーで遊び始めました。

　　この時，子どもがミニカーを見ているか確認します。もし見ていなかったら，よく見える
ように目の前に持って行き，もう一度「くるまであそぼう！」と言いましょう。子どもは，
ミニカーを見ていなかったら，ミニカーで遊ぶことがわかっていないかもしれません。

③ やりとりが続くようにする

　　お父さんは，膝の上にのりお君を乗せて揺らしています。これまで何度もやっているので，
お父さんが座り，その膝にのりお君が乗り，そして遊びが始まるという遊びのルーティンを
のりお君は理解するようになりました。今日，お父さんは少しやり方を変えてみようと思い
ました。のりお君が膝に乗っても膝を動かさずにいました。すると，のりお君は，お父さん
の顔を見ながら自分の身体を上下に動かして，お父さんに膝を揺らすことを要求しました。

　　その後，お父さんは，遊びの途中で揺するのを止めてみました。すると，のりお君は体を
上下に動かしてもっとやることを要求しました。これにより，のりお君ができるやりとりの
回数が増えました。

４）いっしょに楽しく遊びましょう

① 一緒に楽しく遊ぶ

　　親は，子どもが自分と同じ感情や気持ちをもっていることを感じるようになり，また，
子どもとのやりとりが成立する経験をもつと，子どもとの遊びに少し手ごたえを感じるよ

うになります。子どもには「楽しい！」という感情を豊かに表現する力は弱いかもしれません
が，親がその弱い感情表現を敏感に受け止めて共感した時，きっと楽しく親子で遊ぶ
ことができることでしょう。

　　かえでちゃんは，狭い所が好きです。そこで，お母さんは，かえでちゃんと
『おしくらまんじゅう』の遊びをしようと考えつきました。お母さんが押すと，
かえでちゃんは小さな声で「キャッ」と言って喜びました。お母さんは，その
反応を見て，「おしくらまんじゅう　押されて泣くな♪」と歌いながら押しま
した。すると，かえでちゃんが少し押し返したように感じられました。お母さ
んはそれに合わせて，歌いながら押しました。お母さんは，かえでちゃんと気
持ちが通じた感じがしました。

3．早期コミュニケーション段階

　早期コミュニケーション段階の子どもは，親と一緒に遊べるようになっていますが，まだ十分なやりとりができません。そこで，遊びの中でやりとりを増やすことを目指します。
　また，この段階の子どもは，コミュニケーションの方法が限られているので，方法を増やしていくことが目標です。手段については言葉を使うこと，目的については要求以外の内容が増えることを目指します。
　そのために，親がすることを，以下にあげます。

1）ふれあって気持ちをあわせ
① 気持ちを通い合わせる
　やりとりができるようになると，親は自分の働きかけに子どもが応じてくれることによって，気持ちが通い合ったように感じます。ただし，いつでもどこでも通い合うことがなければ，まだ不確かな印象を受けるかもしれません。しかし，気持ちが通い合ったと感じる関係が出発点となり，これを続けることによって，安定した関係が築かれていきますので，この関係を大事にしましょう。そのためには，親子で感情や気持ちを共有しながらやりとりを重ねていきます。

　まいちゃんは，『イナイイナイバー』の遊びの中で，お母さんが「バー」と言って顔を見せると喜ぶようになりました。お母さんはまいちゃんが自分と同じ気持ちを持っていることを感じています。イナイイナイバーを繰り返ししていると，ある日，まいちゃんがお母さんの真似をして「バー」の動作をしました。お母さんが喜ぶとまいちゃんもニコニコしています。お母さんは，まいちゃんと気持ちが通い合ったように感じました。

2）れんぞくして何度も繰り返し
① やりとりができる遊びを繰り返し行う
　早期コミュニケーション段階の子どもには，やりとりをたくさん行う機会を与えることが重要です。しかし，いつも一定してやりとりができること，何回もやりとりができることは難しいです。一定してできるまで，やりとりが無理なくできる遊びを繰り返し行うこ

とがポイントです。

　しかし，一定してできるようになったら，少し高いレベルの遊びを交えていきましょう。もし，その遊びに子どもが全く興味を示さなければ，まだ早いことが分かります。もう少したってから再度挑戦してみてください。

　だいすけ君は，お父さんに「どうぞ」と言われてボールを受け取ることができました。そして，お父さんから「ください」と言われたらボールを渡すこともできました。これを何度も繰り返ししていると，いつでもボールのやりとりができるようになりました。

　そこで，お父さんは，少しボールの渡し方を変えることを思いつきました。ボールをだいすけ君に向けて転がしましたが，だいすけ君は転がっている間にどこかに行ってしまいました。お父さんは，このやり方がだいすけ君にはまだ早いことが分かり，ボールの手渡しに戻しました。

　しかし，1カ月後に，ボール遊びをすると，お父さんが転がしたボールをだいすけ君は受け取ることができました。そこで，お父さんは，時々ボール転がしをしてみることにしました。

② ルーティンを繰り返す

　この段階の子どもは，簡単なルーティンならいくつかの手順を理解して，自分で手順に沿って行うようになります。そこで，親は，簡単なルーティンを設定して，いつも同じ手順で，同じ声かけで遊びを進めていきます。これを繰り返すことによって，子どもは，どこでどのように動くとよいか，どこでどのように言えばよいかを学ぶようになります。

　　公園に出かける時，お母さんは，必ず以下のルーティンで支度をします。繰り返ししていると，ありさちゃんも「靴に足を入れる」と「お母さんに向かって足を出す」のところができるようになりました。
　　公園に出かける支度のルーティンは，お母さんが「公園にいくよ」と言います→子どもが玄関に行きます→お母さんが靴を下駄箱から出します→子どもが靴に足を入れます→（靴のマジックテープを止めてもらうために）お母さんに向かって足を出します。

3）あなたと子どもがやりとりして

① やりとりの方法を広げる

■ 遊びを要求する手段を増やす

　これまで，遊びを要求する手段が表情，発声，身ぶり（親の手をとる）などであった子どもには，指さし，手渡し，提示などを使って遊びを要求できるようにします。最終的にはこれを，言葉で要求することに発展させていきます。親は，これらができるための機会を増やしたり，手がかりを与えたり，手本を示すことをします。

■ 親の働きかけに応じる手段を増やす

　指さし，手渡し，提示，言葉などを使って応答できるようにします。親は，子どもが応答できる働きかけの機会を増やしたり，手がかりを与えたり，手本を示すことをします。

■ コミュニケーションの目的を広げる

　・選択できるようにします。
　・「はい／いいえ」に応えられるようにします。
　・言葉でコメントできるようにします

■ 子どもから遊びを始める

　親から遊びを誘われて，それに応じることはできていても，子どもから親を遊びに誘う

ことは難しいです。子どもから「遊ぼう」と親を誘えるようにします。そのためには，遊びたくなるように玩具を置いておいたり，遊びを描いた絵を置いたりします。また，親が「遊びたい」と子どもに言うのもいいですね。

　お母さんは，子どもが見えるけれど取れないところにミニカーを置いておきました。ある日，たけし君は，ミニカーを指さしてからお母さんを見ました。お母さんには，ミニカーを取って欲しいというたけし君の気持ちが伝わってきました。そこで，お母さんは，「くるま，取ってほしいのね」と言いながら，取ってあげました。そして，そのミニカーで一緒に遊びました。
　その後，同じようにたけし君が指さした時，お母さんは，「とって」と言いました。すると，たけし君は，「とって」と真似して言いました。お母さんは，たけし君が言うべき言葉を手本で示したのです。

　お父さんは，ミニカーを隠しておきました。そして，お父さんが「くるまはどこ？」と聞くと，たいと君は，ミニカーを見つけて指さしました。

　はるお君が，絵本を見ています。絵本のりんごを指さし，その後お母さんの顔を見ました。お母さんは，はるお君の顔を見ながら「おいしそう！」と言いました。

　お母さんはお店屋さんごっこをしているつもりで，たけし君に「チョコがほしい？　にんじんがほしい？」と聞くと，チョコを指さしました。お母さんは，「チョコがほしいのね」と言いながら，たけし君にチョコを渡しました。

　『くすぐりっこ』が好きなかず君は，お母さんの手を引いて自分のお腹にあてることによって，くすぐることを要求していました。ある時，お母さんがかず君の手を引いて，自分のお腹にあてました。すると，かず君はお母さんをくすぐり始めました。思わずお母さんが大きな声で笑いました。それ以後，かず君は，自分からくすぐりっこ遊びを始めるようになりました。

■ 遊びの役割を交替する

　いつもけん君が走り回り，お父さんはそれを追いかけて遊んでいました。けん君は追いかけられてばかりですが，逆に自分から追いかけることはできるのでしょうか。このように思ったお父さんは，けん君に「おいで」と声をかけて，先に走り出しました。けん君が近づいてきたら，ちょっと逃げて捕まらないようにします。これを繰り返していると，けん君はお父さんを追いかけるようになりました。

　その後，けん君は友だちに追いかけられたり，友だちを追いかけたりと，お父さんだけでなく，友だちとも追いかけっこができるようになりました。

② やりとりが続くようにする

　早期コミュニケーション段階の子どもは，やりとりができますが，それは長く続きません。やりとりが2回，3回，4回と何度も続くようにします。

　　いっぺい君は，お父さんに「ください」と言われると，ボールを手渡しすることができます。そして，お父さんに「どうぞ」と言われると，ボールを受け取ることができます。しかし，すぐに飽きて，どこかに行ってしまいます。そこで，お父さんは，「く〜ださい♪」「はい，ど〜うぞ♪」と歌うようにリズムをとりながらボールの受け渡しをしました。すると，いっぺい君とのボールのやりとりが長く続くようになりました。

　かの子ちゃんは，お母さんが働きかけても1回くらい応答するだけです。そこで，お母さんは，ぬいぐるみを使ってやりとりをしてみようと思いました。ぬいぐるみを動かしながら，ぬいぐるみが言ったようにちょっと高い声で「かのちゃん」と声をかけました。かの子ちゃんが前に座ったので，お母さんが手をふると，かの子ちゃんも手をふり返しました。「あそぼう！」と言うと，ニコニコしてうなずきました。ぬいぐるみの手を差し出すと，かの子ちゃんは，握手をしました。このようなやりとりがこの後も続きました。

③　遊びにおいて共同注意ができる

　かんじ君の目の前で，お母さんがぬいぐるみにジュースを飲ますふりをすると，かんじ君はしっかりとそれを見ています。この時，お母さんと子どもは同じ物とその出来事に注意を向けています。

　たける君は積み木で遊んでいましたが，お母さんが「くるま　だよ」と言いながら指さしすると，少し離れた所にあるミニカーを見ました。お母さんとたける君は，同じミニカーに注意を向けた後，ミニカーを走らせて一緒に遊びました。

　たけし君は，お母さんに近づいていき，気に入ったぬいぐるみをお母さんに掲げて見せました。そして，お母さんは「かわいいね」と言いながら，受け取りました。この時，お母さんとたけし君は同じぬいぐるみを見て，「かわいい」という同じ気持ちを共有しました。その後，ぬいぐるみで一緒に遊びました。

4）いっしょに楽しく遊びましょう

① 親子で一緒に楽しく遊ぶ

　早期コミュニケーション段階の子どもと遊ぶ時，芽ばえ段階のように，親は一方的に思い込みをもつ必要がありません。やりとりしながら遊ぶと，子どもが「楽しい」という感情を表すようになるので，親も自然に楽しさを感じることでしょう。その時，親は自分の感情を子どもにわかるようにしっかりと返していくことがポイントです。

　お父さんとお母さんに手をとってもらってジャンプするとものすごく高く跳ぶことができます。リカちゃんは，一人でジャンプするのも好きですが，お父さんとお母さんと三人でするジャンプはそれよりも何倍も楽しいです。何度も何度も続けてやりました。最初は，「ぴょん　ぴょん　ぴょ～ん」とリズムをつけながらジャンプしていましたが，少し経ってから，「1，2の3」でジャンプするようにかけ声を変更していきました。

② 簡単なふり遊びをする

　早期コミュニケーション段階の子どもは，ふり遊びができるようになります。自分で食

べるふりや寝るふりをしてみたり，人形に食べさせるふりをさせたりします。このふり遊びは，言葉の発達につながりますので，親子遊びの中にふり遊びを大いに取り入れていきましょう。

　かなちゃんは，おもちゃのケーキで遊ぶ時，ケーキを食べるふりをします。まだ，お茶を入れたり，お料理したりというおままごとはできません。しかし，このふり遊びができるようになったことは，次の象徴遊びに繋がる大事な一歩です。お母さんも同じようにケーキを食べるふりをして，かなちゃんに「おいしいね」と言うと，かなちゃんはうなずきました。

　かんじ君は，クマのぬいぐるみにジュースを飲ますふりをしました。お母さんは，クマになりきって「ごっくん」と言いました。それを聞いて，かんじ君は，また飲ませます。お母さんは「おいしい」と言います。かんじ君はニコッとして，また飲ませました。

4．コミュニケーション段階

　コミュニケーション段階の子どもは，ある程度一定してやりとり遊びができるように
なっています。また，この段階の子どもの特徴は，言葉を使ってやりとりができることで
す。しかし，その際，親の言葉の真似や繰り返しが使われることが多いです。援助がなく
ても，相手の感情や気持ちを理解しながら，言葉による会話ができるようになることを目
指します。

　また，この段階の子どもは，友だちと遊べるようになります。友だちとの関係の中で子
どもが社会性を身につけていく時期が始まります。

1）ふれあって気持ちを合わせ

① 心が通い合う

　コミュニケーション段階の子どもは，遊んでいる時に感情と気持ちが共有できるように
なっています，あるいは心が通い合うこともあるでしょう。しかし，「楽しい」というよ
うな分かりやすい感情や気持ちは共有できますが，複雑な感情や微妙な感情については理
解や共有が難しいです。子どもが理解や共有が難しい場合は，親が分かりやすく説明した
り，親がオーバーな感情表現するなど，親の援助が必要です。

　ボール遊びをした後，かなちゃんは「楽しい」と
言ったので，お母さんは「楽しいね」と返しました。
かなちゃんが言葉を話せるようになって，かなちゃん
の気持ちがはっきりとわかるようになりました。また，
親子で心が通い合う感じもより明確になってきました。

よかったね！

　ゆたか君は，いままでできなかったすべり台を滑ることができました。すべり終わったゆたか君は，お母さんに抱き付きました。お母さんも「よかったね」と言って，抱きしめました。

雨がふってきた！

　コミュニケーション段階の子どもは，親と感情だけでなくイメージを共有することもできるようになります。
　ミキちゃんは，画用紙にクレヨンを打ち付けて点を描いています。お母さんは，それが雨に見えたので，「雨がふってきた」と言いながら，そこに傘を書き足しました。ミキちゃんは，さらに点を描いていきます。それを見て，お母さんは「いっぱいふってきた」と言いました。ミキちゃんは，お母さんを見て，ニコッと笑いました。お母さんとミキちゃんは，雨のイメージを共有しながら，一緒に絵を描いています。

2）れんぞくして何度も繰り返し

① 課題を達成するためには繰り返しが大切

　コミュニケーション段階において，新しい課題を達成するには，繰り返しが大切です。繰り返し行うことによって，子どもはその課題を身につけていきます。しかし，ある程度繰り返しを行って課題が身についたら，次に高いレベルの課題に挑戦してみましょう。

② ルーティンを繰り返す

　この段階の子どもは，少し複雑なルーティンを理解できるようになります。また，自分で遊びや日常動作のルーティンを作り出すこともあります。しかし，基本は，繰り返し行

うことです。何度も同じルーティンを繰り返すことによって，理解が可能になります。

3）あなたと子どもがやりとりして

① やりとりが長く続くようにする

　コミュニケーション段階の子どもは，簡単なやりとりであるなら，何回か続けられるようになっています。しかし，複雑なやりとりや難しいやりとりの時には，何をすればよいかをわかるように親が援助します。

さとし，いくよ！

　　さとし君は，ボールを受け取るのが苦手です。ボールを落としてしまうと気持ちが萎えてしまい，それ以上やらなくなってしまいます。お父さんは，さとし君がボールを落とさないようにいろいろ工夫をしています。さとし君に「いくよ」と声掛けして，ボールに集中させること，さとし君の手に乗るように正確に投げることです。さらにできない時は，誰かにさとし君の手を持ってもらい，ボールを落とさないようにしました。それらの工夫によって，さとし君は，ボールを落とさずに受け取ることができ，ボールのやりとりも何回も続けることができました。

② 多様な方法でコミュニケーションする
■ 言葉によるコミュニケーションをする

　コミュニケーション段階では，言葉によるコミュニケーションができることを目指します。しかし，言葉だけでは十分なコミュニケーションができません。まだオウム返しを使っていたり，一方的に自分の知っているフレーズを言うなど，会話が成立しないことも多いです。言葉だけでなく，多様な方法を使って会話が成立することを目指します。また，文脈にあった会話も大変難しいです。文脈にあった会話ができるように親の援助が必要です。

　お店屋さんごっこをしています。お父さんが「どれがほしいですか？」とかずき君に聞きました。かずき君は何を聞かれたか分からないようです。そこで，お父さんは指さししながら「りんご，クッキー，ドーナッツがあります。何がほしいですか？」と言うと，かずき君は「りんご」と答えました。

　とおる君はお父さんと公園に遊びにきました。そこに近所のお姉さんがいて，とおる君に「一緒にブランコに乗らない？」と言いました。とおる君はお姉さんが言っていることが分からないようです。お父さんは「ブランコに乗りたいですか？」と言い換えると，とおる君は「うん」と答えました。そして，とおる君はお姉さんと一緒に楽しくブランコで遊びました。

　あきら君が電車で遊ぼうと思ったら，電車が壊れていました。あきら君は，お父さんに電車を見せに行き，電車を指さしながら「だめ」と言いました。お父さんは「電車こわれたね」と返しました。

■ コミュニケーションの目的を広げる

　　・自分の考えを述べる。

　　・過去や未来のことを話す。

　　・自分の感情を話す。

あきら君が幼稚園から帰ってきました。お母さんが「だれと遊びましたか？」と聞きました。すると「ひろしくん」と答えました。

かけっこをしている時に転んで，ひざを怪我しました。お母さんに「いたい」と訴えて，絆創膏を貼ってもらいました。

4）いっしょに楽しく遊びましょう

① 自然な親子の感情共有を楽しむ

　コミュニケーション段階の子どもと遊ぶ時，子どもが感情表現をすれば，そのまま自然な感情の流れにそって，親子で楽しさを共有して遊ぶことができます。親子で楽しさが共有できれば，子どもも親も，一緒にもっと遊びたくなるでしょう。

お母さんとみのる君は『ウルトラマンごっこ』をしています。みのる君はウルトラマンに戦うふりをさせているので，お母さんもそれに合わせて「やっつけよう」と言いながら遊んでいます。お母さんは，『ウルトラマンごっこ』の自然な流れにのって遊んでいるだけで，親子で楽しく遊べていることを感じています。

　今日は，『怪獣ごっこ』をしています。お父さんが怪獣になって「かいじゅうだぞ」と言うと，みのる君は捕まらないように逃げます。お父さんは，さらに追いかけると，みのる君は「キャー」と言いながら逃げます。お父さんもみのる君もとても楽しいです。

② 友だちといっしょに遊ぶ

　この段階の子どもは，友だちに興味を示します。友だちと遊ぶ機会を積極的に作っていきましょう。しかし，すぐに仲良く友だちと遊べるわけではありません。友だちと一緒に遊べるように親が援助します。

　親子遊びが子どもにとって最も重要だった時期がそろそろ終わりに近づいています。

　ゆたか君は，お母さんやお父さんと楽しく遊べるようになっても，友だちと遊ぶことに戸惑っています。そんな時，お母さんが，ボールを持たせて「ボールで遊ぼう」と一緒に遊ぶことを促しました。ゆたか君は，ようやく女の子が遊んでいる所に行きました。

　ゆたか君は，砂場にいますが，友だちと一緒に遊んでいるわけではありません。一人でバケツに砂を入れ続けています。それでも，友だちと同じ場所で遊ぶのは楽しいです。

　　砂場遊びが好きになったゆたか君は，いつも一人で砂山を作っていました。ある時，友だちが来て，その砂山にトンネルを掘りました。ゆたか君もそれを真似してトンネルを作りました。

③　複雑なふり遊びをする

　コミュニケーション段階の子どもは，複雑なふり遊びができるようになります。「砂をご飯に見立てて食べるふりをする」，「積み木を自動車に見立てて，お店まで押していく」など，見立て遊びや複数のふり遊びの組合せなどをします。このふり遊びは，言葉の発達を促しますので，遊びの中にたくさんのふり遊びを取り入れていきましょう。

　　お父さんがミニカーを走らせている横で，みのる君は，積み木を自動車に見立てて「ブーブー」と言いながら遊び始めました。それから少したったある日，お父さんは，積み木で建物を作り「スーパーに買い物に行こう」と言って，ミニカーを押しました。つとむ君もそれを真似して，スーパーまで自動車に見立てた積み木を押しました。

　　かなちゃんのおままごとはさらに複雑になってきました。かなちゃんは，包丁で切るふりをして，お料理を作り，それをお皿にのせて，お母さんに「どうぞ」と差し出しました。お母さんは「おいしそう」と言いながら受け取り，「いただきます」と言って食べるふりをしました。

④　いろいろな人といろいろな経験をする

　　コミュニケーション段階では，子どもがいろいろな人といろいろな遊びをすることが重要です。これらの遊び経験は，子どもの成長を促していきます。親の役目は，そのような経験ができる機会を子どもに与えることです。ただし，子どもだけでは，集団や社会の中でうまく行動することができないことがたくさんあります。その時には，親の援助が必要です。

お姉さんと一緒に公園で遊ぶ

お兄さんと追いかけっこをする

家族でハイキングに行く

おばあちゃんとお出かけする

プールで遊ぶ

友だちと一緒にブロックで遊ぶ

友だちとおにごっこをする

グループワーク（第8回）

子どもの社会的コミュニケーションに合わせた親子ふれあい遊びを考えます。

1）家庭でできそうな親子ふれあい遊びを具体的に考えてみましょう。

2）1）で考えた親子ふれあい遊びをする時に、我が家で工夫することはありますか。

3）1）と2）で考えた親子ふれあい遊びとその工夫について、みんなで話し合います。

ふりかえり（第8回）

今日、感じたこと、思ったこと、わかったこと、気が付いたことなどを書いておきましょう。

ホームワーク

1）で考えた親子ふれあい遊びを家庭でやってみましょう。それ以外にもできそうな遊びがあったら追加します。そして、その様子を 資料13 に記入します。

「親子ふれあい遊び」記録表（2）

＊親子ふれあい遊びをした時にふれあい方略ができたら（　　）の中に○をつけます。

どんな遊び どんな工夫	親子ふれあい遊びの様子
月　　日（　　）	
（　　）**ふ**れあって気持ちをあわせ （　　）**れ**んぞくして何度も繰り返し	（　　）**あ**なたと子どもがやりとりして （　　）**い**っしょに楽しく遊びましょう
月　　日（　　）	
（　　）**ふ**れあって気持ちをあわせ （　　）**れ**んぞくして何度も繰り返し	（　　）**あ**なたと子どもがやりとりして （　　）**い**っしょに楽しく遊びましょう
月　　日（　　）	
（　　）**ふ**れあって気持ちをあわせ （　　）**れ**んぞくして何度も繰り返し	（　　）**あ**なたと子どもがやりとりして （　　）**い**っしょに楽しく遊びましょう

第17章　親子ふれあい遊びの発展

1．親子ふれあい遊びの発展

➤ ここでは，親子ふれあい遊びの実際の遊び方を見ていきますが，同じ遊びでも，やさしい遊び方から難しい遊び方まであります。多くの親は，子どもが友だちと『かくれんぼ』や『おにごっこ』をして遊ぶことを望んでいます。しかし，子どもは，急に友だちと遊べるようにはなりません。また，急にそれらの遊びができるわけではありません。親子で遊ぶことから始めましょう。また，やさしい遊び方から始めて少しずつ難しい遊び方ができるように導いていきましょう。

➤ すでに，社会的コミュニケーション段階ごとに親子ふれあい遊びを見てきましたが，ここでは，親子ふれあい遊びの種類ごとに，やさしい遊び方から難しい遊び方まで順に記載してあります。

➤ 自分の子どもにはどの遊び方ができるのかを見てください。また，現在の子どもの遊び方ができるようになれば，次に何をすればよいのか，何ができるようになるのかについて考えてください。

1．イナイイナイバー

【遊び方①：他の人と一緒に遊ぶ】

1．子どもに向かい合って座ります。
2．子どもの名前を呼び，自分に注意を向けさせます。
3．親は，手で顔を覆いながら「イナイイナイ」と言い，その直後に「バー」と言って手を顔からはずします。
4．顔を見せる時は，表情や動作を大げさにして，子どもの注意を引きつけます。ただし，表情はニコニコと笑顔にすることが重要です。
5．手を顔から外した直後に，子どもと顔を見合わせて，喜びを分かち合います。

遊び方のポイント

　親の顔をじっと見ることが苦手な子どもは，『イナイイナイバー』をしている時に，親を見ていないかもしれません。子どもの注意を自分に向けさせるために，しっかりと向かい合って座らせておくこと，いつも声をかけておくことなどの工夫が必要です。そうでないと，せっかく『イナイイナイバー』をしても，手を開けたら，そこには子どもがいなかったということにもなりかねません。『イナイイナイバー』を喜ぶには，人への関心があり，人に注意を向ける行動ができることが前提にあります。

　また，子どもの発達初期には，子どもが見ていた物に布をかけて見えなくすると，それが消えてなくなったかのように関心を失います。その後，物が目の前から見えなくなっても，そこにはまだ存在することを理解し，布をとって物を探すという段階に成長します。『イナイイナイバー』に興味を示せば，見えなくなった物（ここでは親の顔）は，無くなったわけではないことが分かる発達段階を表しています。子どもは，親の顔が現れることを期待して見ていると，そこには「バー」と言いながら親の顔が現れるので，子どもはとっても楽しくなります。

【遊び方②：子どもとやりとりして遊ぶ】

１．親が繰り返し『イナイイナイバー』をしていると，子どもはそれを真似するようになります。

２．子どもが「バー」と言って，顔を現したら，親はしっかりと子どもと顔を見合わせ，子どもと喜び合います。

３．子どもが真似することができたら，親が『イナイイナイバー』をし，次に子どもがするという交互にやりとりする遊びに発展させます。

【遊び方③：布で隠す】

　手では，小さな面積しか隠せません。大きなタオルや布で体全体を隠して『イナイイナイバー』を楽しみます。大きなタオルにすっぽり隠れると楽しいです。親が隠れてもよいですが，子どもが自分で隠れることができるようなら，子どもにやらせましょう。タオルから出てきた時は，大げさに「みつけた！」と言って，顔を見合わせて喜びます。また，ハイタッチなどすると達成感が感じられてなお楽しいです。

【遊び方④：大きな物の後ろに隠れる】

1．子どもが物陰に隠れていたら，「○○ちゃん，どこだ？」と言って，わざと子どもを
　探しているふりをします。
2．子どもを見つけて，「○○ちゃん，みつけた！」と言って，子どもの顔を見ながら，
　見つけた喜びを分かち合います。

【遊び方⑤：人や物を探す】
　子ども自身が隠れる役割をとれるようになったら，次に子どもが探す役割をとる遊びを
しましょう。遊び方④の子どもと親の役割を交替して，今度は，親が隠れて子どもが探す
という遊びにします。
　また，物を探す場合は，『宝さがし』の遊びにします。その場合，宝は子どもが好きな
物にし，隠す場所は，子どもが見つけやすいところにします。親は，「どこだ？」と働き
かけ，子どもが「みつけた！」と言えるようにします。

1．親が，子どもの見つけやすい所に，探す物を隠しておきます。
2．「○○，どこだ？」と親は子どもに言い，探すふりをします。
3．子どもが○○を見つけたら「みつけた！」と言うようにします。まだ言えないような
　　ら，親が「みつけた！」と言語モデルを示します。

【遊び方⑥：かくれんぼ】

1．隠れる側と探す側の役割が理解できるようになったら，『かくれんぼ』をします。
2．初めから，子どもだけでするのは難しいので，最初のうちは，大人が一緒にやります。

2．くすぐり遊び

【遊び方①：他の人と一緒に遊ぶ】

1．子どもを抱きかかえ，「こちょこちょするよ！」と言って，胸やお腹などをくすぐります。
2．これを何度か繰り返し，「こちょこちょするよ」と言う言葉が，くすぐることを表していることを理解したら，「こちょこちょするよ」と言いながら，指を動かして，これからくすぐられることを予感させます。そして，子どもが，くすぐられることを期待しながら，ワクワクして待っているところに，「こちょ，こちょ！」と言って，子どもの胸やお腹をくすぐります。
3．子どもはくすぐられることによって，高揚感を感じているので，親もそれに気持ちを合わせて楽しみます。

【遊び方②：子どもとやりとりして遊ぶ】

こちょこちょして！

1．子どもがくすぐり遊びを楽しむようになったら，くすぐるのを一時やめます。子どもから，もう一回という要求がでるのを待ちます。子どもが要求したら，すぐにそれに応じて，くすぐります。
2．次に，親が「こちょこちょして！」と言って，子どもにくすぐってもらいます。
3．親子で，くすぐる役割を交替しながら，くすぐり遊びを楽しみます。

【遊び方③：ルーティンのある遊びをする——一本橋こちょこちょ—】

1．親は，『一本橋こちょこちょ』を歌いながら，歌詞に合わせた動作をします。
2．「いっぽんばし　こちょこちょ♪」「すべって　たたいて　つねって♪」と歌いながら，子どもの手の平をくすぐります。
3．「かいだん　のぼって　こちょこちょ♪」と歌いながら，子どもの腕を伝っていき，脇の下などをくすぐります。
4．この遊びを何度もして，子どもにルーティンを分からせます。そして，次に何をしてもらえるかを子どもに期待させながら行います。

遊び方のポイント

　たいていの幼児は，体を触られたりくすぐられることが好きですが，子どもによっては，触刺激や圧刺激に極端に敏感だったり，鈍感だったりすることがあります。自分の子どもの様子をよく見て，どのように遊べばよいかを考えましょう。鈍感な子どもは，もっとくすぐってほしい，触ってほしい，抱きしめてほしいと思うでしょう。逆に，極端に敏感な子どもは，自分の体に触られるだけでも嫌がります。ましてや，くすぐられることは大変嫌な刺激にほかなりません。そのような子どもには，無理をしないでそっと触るようにしてあげましょう。しかし，触られるのが嫌いな子どもをそのままにしておかずに，触られることは気持ちの良いことであることを少しずつ経験させていきます。

3．ジャンプ遊び

【遊び方①：子どもの感情や気持ちに合わせる】

1．子どもが一人で跳んでいる時，親もそれを応援する気持ちで，子どもが跳んでいるリズムに合わせてやってみます。たとえば，
- ・一緒に跳ぶ
- ・手を叩いたり，身体を揺らす。
- ・「1，2，3」「ぴょん　ぴょん　ぴょん」などと声をかける
- ・歌をうたう

2．親がこれらをやることによって，子どもの楽しい気持ちがさらに増大していきます。

【遊び方②：子どもの興味，関心に合わせる】

1．子どもが一人で跳んでいる時には，親は子どもの真似をして（逆模倣），子どもの感情に共感しながら，一緒に跳んでみましょう。

2．子どもが跳んだら，親が跳びます。これを繰り返すと，子どもは，親が跳んでいる行動に注意を向け，一緒に跳ぶことを楽しみます。

【遊び方③：子どもとやりとりして遊ぶ】

1．親と一緒に跳ぶことが楽しくなったら，両手をつないで跳びましょう。

2．この時，親が「ピョンピョン」とか「1，2，3」と言って，子どもにジャンプさせます。

3．繰り返し遊んだら，遊びを始める合図を決めましょう。親が「スタート！」とか「やるよ！」と言ってからジャンプを始めます。

4．その後，子どもがそれを真似して言えること，さらに子どもから「スタート」と言って始めることを目指します。

【遊び方④：子どもとやりとりして遊ぶ―トランポリン―】

　トランポリンで跳ぶと，床で跳ぶのと比べものにならないほど，高く跳ぶことができます。そして，気分も高揚します。それらを利用して親子で楽しみましょう。上記の③の手順で行います。

【遊び方⑤：子どもとやりとりして遊ぶ—親子ブランコ—】

　親子ブランコも子どもが一人で跳んでいるよりももっと高く跳ぶことができるので，親子で楽しみましょう。

1．子どもの両脇に二人の大人が立ち，子どもの手をしっかりと握って，「1，2の3」と言いながら，子どもを宙に浮かせます。

2．最初は，大人が子どもを引っ張り上げますが，何度も繰り返す中で，「1，2の3」の合図で，子ども自身が親の動作に合わせて，ジャンプできるようになることを目指します。

遊び方のポイント

　ジャンプを始める時には，「スタート！」や「やるよ！」と言います。また，ジャンプをしている時は，「ピョンピョン」や「1，2，3」と声をかけながらします。子どもが真似しやすい簡単な言葉ならどのような言葉でも構いませんが，この遊びをする時には，必ず同じ言葉を使います。そうすることによって子どもはどこで何を言えばよいかが予想がつき，言葉を真似しやすくなります。これは，どの遊びにおいても同じです。

4．かけっこ

【遊び方①：子どもの興味，関心に合わせる】

1．いつも走り回っている子どもがいたら，いつどのように走っているのかをよく観察します。
2．子どもの様子が分かったら，子どもの気持ちになって，一緒に走ってみます。
3．一緒に親が走っていることに気がついて，親をチラッと見たら，それを大事にします。
4．親に気づいていることが分かったら，名前を呼んだりして，親が一緒に走っていることをさらに意識させます。

【遊び方②：子どもの興味，関心に合わせる―まてまて遊び―】

1．走り回るのが好きな子どもの興味に合わせて，それを追いかけっこに変えていきます。
2．子どもが走っていたら，後ろから「まて，まて！」と言いながら追いかけます。
3．これを何度も繰り返し行って，追いかけっこを楽しみます。
4．親が「まて，まて」というと，子どもが嬉しそうに逃げるならば，大人の働きかけに子どもが行動で応えたことになり，ここにやりとりが生じています。

遊び方のポイント

　子どもは，この『まてまて遊び』が大好きです。追いかけられて，逃げること自体を楽しんでいます。この単純な遊びを繰り返しすることによって，子どもは一人で遊ぶよりも，親と一緒に遊ぶことの楽しさを体験します。

　ただし，動き回る子どもと追いかけっこをすると，興奮しすぎることがあるので，危険のないように気を配ります。

【遊び方③：子どもとやりとりして遊ぶ―とおせんぼう―】

1．子どもが走っている前に立ちはだかって，とおせんぼうをします。親は遊びのつもりで大げさにやりましょう。
2．それに対して，子どもが親を押したり，「どいて！」などと言って親に訴えたら，親は子どもの前からどいて，「さあどうぞ」と言います。ここにやりとりが生じます。
3．このやりとりを通して，子どもは，自分の訴えが相手の行動に影響を及ぼすことがわかるようになります。

【遊び方④：子どもとやりとりして遊ぶ―合図でスタート―】

1．かけっこを親子で一緒に楽しむようになったら，合図をしてから，かけっこを始めて
　みましょう。
2．走る前に親が子どもの前に手を伸ばして，走り出さないようにします。
3．静かに立っているのを見計らって，親は手をパッとあげて「スタート」と言います。
　「スタート」の意味を子どもが理解できない時は，背中を押して走るように促します。

【遊び方⑤：子どもとやりとりして遊ぶ―「よーい，どん」でスタート―】

1．合図でスタートすることを理解したら，「よーい，どん」の声かけで走り始めます。
2．最初は，親が「よーい，どん」と言って，始めます。
3．子どもが「よーい，どん」で始めることを理解したら，親が「よーい」と言ってから，
　子どもが「どん」と言うのを期待しながら待ちます。そして，子どもが「どん」と言っ
　たら，かけっこを始めます。

遊び方のポイント

　子どもは，遊びがいつ始まるか，そしていつ終わるかを理解することが難しいです。そのため，遊びを始めることを知らせる合図を取り入れることによって，遊びの開始を分からせていきます。かけっこの「よーい，どん！」は，子どもにとってとても分かりやすい合図です。

【遊び方⑥：想像して遊ぶ】

1．親子で追いかけっこが楽しめるようになったら，何かを想像して追いかけてみましょう。
2．たとえば，父親が怪獣になりきり，怪獣が子どもを追いかけるという遊びにします。親は，大げさに「かいじゅうだぞ！」と言って，楽しみながら追いかけます。
3．子どもの想像力が育ってくれば「狼と七匹のこやぎ」のように，ストーリーにして遊ぶと楽しくなります。

【遊び方⑦：役割交替して遊ぶ】

1．追いかけっこの原型は，『まてまて遊び』ですが，この遊びでは，子どもは追いかけられること自体を楽しんでいます。

2．次に，追いかけっこには追いかける役と追いかけられる役があることに気づかせてい
　きます。

3．最初は，親が子どもの前で大げさに逃げて，子どもに追わせます。わざと捕まって
　「つかまった！」などと言います。

4．親とできたら，きょうだいや祖父母などとやってみます。

【遊び方⑧：協同遊び―おにごっこ―】

1．追いかけっこの役割交替が理解でき，そして実際に役割交替ができれば，『おにごっ
　こ』をする準備が整ったことになります。逆に，それが分からなければ『おにごっこ』
　のルールを理解できていないことを示しています。

2．さらに，追いかけられる人は捕まるとおにになるというルールがわかれば，友達と
　『おにごっこ』をすることができます。

5．ボール遊び

【遊び方①：子どもの興味，関心に合わせる】

1．ボールプールに入って，ボールを次々とプールの外に投げている子どもがいたら，いつどのような時に投げているのか，なぜ投げているかをよく観察します。
2．ボールを投げることが楽しい子どもには，投げることを遊びに変えていきます。
3．大きな入れ物を用意して，その入れ物の中にボールを投げるようにします。
4．最初は，親がモデルを示します。子どもがそれを真似するようにしていきます。
5．子どもが投げ入れるたびに，親は「はいった！」とか「すごい！」とか声かけします。
　子どもがそれに注意を向けたり，表情を変えたりしたら，そこにやりとりが生じます。
　一人で投げているよりも，この遊びをすることによって，親子のやりとりが生じます。

【遊び方②：子どもとやりとりして遊ぶ―ボールプール―】

　ボールを手渡しても受け取れない子がいます。ボールを渡そうとすると，どこかに行ってしまいます。そのような子どもでも，ボールプールの中で，ボールを手渡しすると受け取ってくれることがあります。
　その理由として，ボールに囲まれてゆるやかに体が固定していること，ボールの触覚で

リラックスしていることなどがあげられます。また，ボールプールの中で，向き合うと目が合うこともあります。

　いろいろな状況で，ボールのやりとりをしてみましょう。

【遊び方③：子どもとやりとりして遊ぶ―ボールの手渡し―】

どうぞ！

1．子どもが相手に関心を示すようになったら，ボールを手渡しすることによってやりとりをします。
2．親は「どうぞ」と言って，ボールを子どもに渡します。
3．子どもが受け取ったら，次に「ちょうだい」と言って，ボールをもらいます。
4．最初は，一度できるだけでも十分ですが，徐々に何回か続けられることを目標にします。

【遊び方④：子どもとやりとりして遊ぶ―ボールを転がす―】

ボールいくよ！

1．親子で向き合って足を広げて座り，ボールを子どもの股の間に転がします。
2．子どもがボールを受け取ったら，次に，親は「ちょうだい」と言って，親の方を向かせ，ボールを親の方に転がすように促します。
3．親は子どもが転がしたボールを受け取った時，子どもと一緒に喜びます。
4．ボールのやりとりを繰り返します。

【遊び方⑤：子どもとやりとりして遊ぶ―ボールを投げる―】

1．ボールを床に転がすことによってやりとりができたら，今度は，ボールを投げ合ってやりとりします。
2．最初は，子どもが受け取ることができるように，子どものすぐ側から投げます。できるようになったら，徐々に離れた所から投げるようにします。
3．親は「ボールいくよ」「ちょうだい」と言って，ボールのやりとりをします。できたら，子どもと一緒に喜びます。

【遊び方⑥：友だちと遊ぶ】

　親子でボール遊びができても，友だちとボール遊びをすることは難しいです。親は上手くボールのやりとりができるように援助してくれますが，友だちはしてくれません。ボールで遊ぶなら，最初は，ボーリング遊びなどがいいですね。

2．親子ふれあい遊びのまとめ

➤ ここまで，いろいろな親子ふれあい遊びをやってみたでしょうか。

➤ 親子ふれあい遊びは，継続して行うことによって効果がでてきます。プログラム終了
後も家庭で続けてやってみてください。

➤ 本プログラムでは，子どもの社会的コミュニケーション段階における親子ふれあい遊
びのやり方を学んだと思いますが，今後は子どもの成長にあわせて次の段階に進んで
いってください。たとえば，現在，リクエスト段階ならば，次に早期コミュニケー
ション段階に進み，さらにその段階が十分にできるようになったら，コミュニケー
ション段階に進む，といった具合です。

➤ コミュニケーション段階まで進めば，子どもは親子ふれあい遊びにおける多くの課題
をこなせるようになっているでしょう。そして，この段階では，子どもは友だちとの
遊びに興味をもち始めます。子どもは親と遊ぶよりも，友だちと遊ぶ方が楽しくなる
かもしれません。親は少し寂しくなりますが，子どもは友だちと遊ぶことにより社会
性を身につけていく時期ですから，友だちとの遊びを大事にしていきます。もちろん
親子遊びも楽しんでください。

➤ 子どもの成長とともに，遊びの形態は変わりますが，ふれあいペアレントプログラム
で学んだ遊びの基本は，すべての遊びの土台です。これからもこの遊びの基本のもと，
子どもたちが親子遊びや友だち遊びをたくさん経験して，豊かな生活を送ることを
願っています。

3．全体のふりかえり

➤ 今回で，ふれあいペアレントプログラムは，すべて終了です。

➤ ふれあいペアレントプログラムを受講して，子どもの発達とそれに合わせた関わり方
がわかったでしょうか。

➤ 最初に述べたように，このプログラムは，社会的コミュニケーション発達を促すこと
を目的にしています。社会的コミュニケーション発達は，長い期間にわたって，人と
の関わり合いを重ねることによって進んでいきます。そのため，このプログラム終了
後も引き続き，家庭で継続することをお勧めします。継続することによって効果が表
れてきます。

➤ このプログラムでは，現在の子どもの社会的コミュニケーション段階を中心に子ども
との関わり方を学んだと思いますが，今後は子どもの成長にあわせて次の段階に進ん
でいってください。

➤ コミュニケーション段階の課題ができるようになる頃には，子どもは社会的コミュニ
ケーションの基本を習得していると思います。そして，この段階で言葉が話せるよう
になると知的発達も進み，それに関する発達課題を実施する必要もでてくるでしょう。

➢ 子どもの成長とともに，発達課題は変わっていきますが，このプログラムで学んだ人との関わり方の基本は，生涯にわたる対人関係や社会性の土台になるものです。これからも人との関わり方の基本を忘れずに，子どもと関わっていってください。

グループワーク（第 9 回）

今後，どのような親子ふれあい遊びにチャレンジしていきたいですか。

全体のふりかえり（第 9 回）

これまでのプログラムをふりかえってみましょう。

1）プログラムの内容について、わからない点や疑問点があったら質問してください。

2）プログラムの感想や意見を話してください。

ふれあいペアレントプログラム終了後の子育て

❖ 最終的には，ふれあいペアレントプログラムで学んだ子どもへの関わり方や遊び方を参考にして，我が家に合ったやり方を考えていってください。

❖ 子どもの発達や特性は，一人一人違います。そして，親もまた一人一人違った個性や能力を持っています。その親と子の組み合わせを考えると，全く同じ特徴をもった親子はいないと言っていいでしょう。

❖ 親にとって必要なことは，親と子の特徴や能力に合わせた子育て方法を工夫していくことです。それは，日常生活で無理なくでき，長く続けていけるものであることが重要です。

❖ また，子どもの成長に合わせて子育て方法を変える必要があるかもしれません。その時は，このプログラムで，あなたが子どもの育て方を色々工夫したことを思い出してください。きっと，これからも工夫することができると思います。

❖ お子さんの成長とあなたの子育てのご健闘をお祈りしています。

著者紹介

尾崎康子（おざき・やすこ）

東京教育大学大学院教育学研究科博士課程単位取得退学

財団法人小平記念日立教育振興財団日立家庭教育センター主幹研究員，富山大学人間発達科学部教授，

相模女子大学人間社会学部教授を経て

現　　在　東京経営短期大学子ども教育学科教授　博士（心理学），臨床発達心理士スーパーバイザー，

公認心理師，臨床心理士

著　　書　『こころを育む楽しい遊び──2.3.4歳児における保育臨床の世界』（編著）ぎょうせい，2004.

『知っておきたい 発達障害のアセスメント』（共編著）ミネルヴァ書房，2016.

『知っておきたい 発達障害の療育』（共編著）ミネルヴァ書房，2016.

『社会・情動発達とその支援』（共編著）ミネルヴァ書房，2017.

『社会的認知の発達科学』（共編著）新曜社，2018.

『よくわかる障害児保育　第 2 版』（共編著）ミネルヴァ書房，2018.

『知っておきたい 気になる子どもの手先の器用さのアセスメント』（編著）ミネルヴァ書房，

2018.　ほか

イラスト

古味正康（こみ・まさやす）

なお，本プログラムは神奈川県「大学発・政策提案制度」の助成金で作成したプログラムを基に新たに作成したものです。

社会的コミュニケーション発達が気になる子の育て方がわかる
ふれあいペアレントプログラム

2018年 5 月20日　初版第 1 刷発行		（検印廃止）
2023年 3 月30日　初版第 2 刷発行		

定価はカバーに
表紙しています

著　　者	尾　崎　康　子
発 行 者	杉　田　啓　三
印 刷 者	中　村　勝　弘

発行所　株式会社　ミネルヴァ書房

607-8494 京都市山科区日ノ岡堤谷町 1
電話(075)581-5191／振替01020-0-8076

© 尾崎康子, 2018　　　　　　　　中村印刷・坂井製本

ISBN 978-4-623-08127-1

Printed in Japan

新しい発達と障害を考える本（全8巻）

学校や日常生活の中でできる支援を紹介。子どもと大人が一緒に考え、
学べる工夫がいっぱいの絵本。AB判・各56頁　本体1800円

①もっと知りたい！　自閉症のおともだち
　内山登紀夫監修　伊藤久美編

②もっと知りたい！　アスペルガー症候群のおともだち
　内山登紀夫監修　伊藤久美編

③もっと知りたい！　LD（学習障害）のおともだち
　内山登紀夫監修　神奈川LD協会編

④もっと知りたい！　ADHD（注意欠陥多動性障害）のおともだち
　内山登紀夫監修　伊藤久美編

⑤なにがちがうの？　自閉症の子の見え方・感じ方
　内山登紀夫監修　伊藤久美編

⑥なにがちがうの？　アスペルガー症候群の子の見え方・感じ方
　内山登紀夫監修　尾崎ミオ編

⑦なにがちがうの？　LD（学習障害）の子の見え方・感じ方
　内山登紀夫監修　杉本陽子編

⑦なにがちがうの？　ADHD（注意欠陥多動性障害）の子の見え方・感じ方
　内山登紀夫監修　高山恵子編

─── ミネルヴァ書房 ───

https://www.minervashobo.co.jp/